소비자의
행동을
디자인하는 마케팅

이 도서의 국립중앙도서관 출판예정도서목록(CIP)은 서지정보유통지원시스템 홈페이지
(http://seoji.nl.go.kr)와 국가자료종합목록 구축시스템(http://kolis-net.nl.go.kr)에서 이용
하실 수 있습니다.
CIP제어번호: CIP2019040550(양장), CIP2019040552(무선)

이렇게 하면 소비자가 움직인다

소비자의 행동을 디자인하는 마케팅

하쿠호도 행동디자인연구소·구니타 게이사쿠 지음
(주)애드리치 마케팅전략연구소 옮김

人を動かすマーケティングの新戦略「行動デザイン」の教科書

차례

소비자의 행동을 디자인하는 마케팅

8장_
왜 편의점 커피가 대히트한 것일까?   • 215

쇼핑몰 계산대에서, 공공시설의 화장실 입구에서 우리는 당연하게 한 줄 서기를 합니다. 매우 합리적이며 동시에 효율적인 줄 서기라고 생각합니다. 우리나라에서 한 줄 서기가 시작된 것은 그리 오래지 않습니다. 그런데 어떻게 해서 한 줄 서기가 가능해진 것일까요? 그것은 바닥에 그어놓은 하나의 선, 또는 '여기서 한 줄로 기다려주세요'라는 문구로 한 줄 서기 행동을 유도한 결과입니다. 지하철 탑승구 바닥에 삼각형 모양으로 오른쪽 줄, 왼쪽 줄을 표시해 놓은 것도 줄 서기를 유도하는 장치입니다. 사람의 행동은 이 같은 사소한 장치로 제어하거나 바꿀 수 있습니다. 이런 원리를 마케팅에 적용하면 어떨까요?

2005년에 설립된 (주)애드리치는 올해 창립 14주년을 맞이했습니다. 창립 이래 지금까지 우리는 기업의 커뮤니케이션 전략 파트너로서 브랜드와 소비자를 연결하는 통합적 솔루션을 제공하기 위해 끊임없이 고민하며 노력하고 있습니다.

커뮤니케이션의 최종목표는 소비자의 행동유발입니다. 시장에서 구매행동이 일어날 때야말로 커뮤니케이션의 가치는 빛이 납니다. 특히 수많은 유사제품, 대체제품들 가운데 독보적 존재로 인정받기 힘든 지금, 특정 브랜드의 충성고객이 되기보다 이런저런 변화에 따라 움직이는 트렌드성을 추구하는 소비자를 대상으로 하는 지금이야말로 소비자와 브랜드가 만나는 모든 접점에서 구체적인 소비자의 행동이 일어나도록 하는 것. 이것이 요즘 시대가 요구하는 커뮤니케이션의 역할입니다.

소비자의 행동을 유발하기 위해서는 어떻게 해야 할까요? 이 책은 서두에서 말한 '한 줄 서기' 같은 장치가 필요하다고 말합니다. 여기서는 제품을 카테고리로 분류해서 보는 것이 아니라 소비자의 행동을 기준으로 제품을 다시 분류하는 행동발상이 무엇보다 중요한 인식의 바탕이 되어야 합니다. 예를 들어 요구르트를 건강식으로 먹는 사람이 있고 간식으로 먹는 사람이 있습니다. 건강시장과 간식시장은 명확히 구분된 시장이며 어느 시장을 선택하느냐에 따라 타깃이 달라지고 커뮤니케이션 방향도 달라집니다. 최근 슈퍼마켓의 매대가 관련 제품으로 진열되어 있는 경우를 종종 봅니다. 채소 매대에 샐러드드레싱 제품이 있거나 정육 매대에 양념소스 제품이 놓여 있는 등 서로 다른 카테고리의 제품을 연결하여 함께 소비가 이루어지도록 하는데 이러한 것이 바로 소비자의 행동을 유발하는 장치가 됩니다.

레스토랑에서 주류를 판매할 경우 카테고리로 리스트를 나열해 놓기보다 음식과의 조합에 맞춰 주류를 분류해 놓으면 일식당에서도 와인을 판매할 수 있고 양식당에서도 정종을 판매할 수 있습니다. 이도 역시 행동을 유발하기 위한 장치라고 할 수 있습니다. 제품 카테고리가 아니라 소비자의 행동을 바탕으로 제품을 생각하면 그전에는 보이지 않던 새로운 시장이나 타깃이 보이고 다른 사용법이나 다른 판매채널이 보입니다. 그리고 광고 메시지, PR 활동, 세일즈 프로모션, 제품리뉴얼 등 우리가 일상적으로 실행하는 마케팅 수단에 행동유발장치를 설계해 넣고, 이를 통해 원하는 방향으로 소비자의 행동을 유도하여 시장에서 실질적인 구매행동이 발생하고 그 결과에 따른 성과를 기대할 수 있다는 것이 이 책의 핵심입니다.

그런 의미에서 이 책은 위축된 소비시장에서 돌파구를 찾고자 고군분투하는 많은 마케팅 관계자와 고객의 마케팅 목표달성을 위해 함께 고민하는 많은 광고인들에게 좋은 참고서가 되어 줄 것입니다. 이 책을 통해 브랜드와 소비자가 만나는 모든 접점에서 소비자 행동이 일어나고 기업성과를 높이는 데 도움이 되기를 바랍니다.

감사합니다.

(주)애드리치 대표이사 사장

김 재 훈

이런 의문을 가진 적이 있지 않나요?

⊃ 왜 '반품 가능'이라는 문구에 안심하는 것일까?

⊃ 왜 '균일가'에 사람들이 반응하는 것일까?

⊃ 왜 '포인트 제공'을 하면 사람들은 행동하는 것일까?

⊃ 왜 '~하는 김에'라는 부탁이 가능한 것일까?

⊃ 왜 '유명인'이 광고에 기용되는 것일까?

⊃ 왜 '하이볼'은 이렇게나 보급되었는가?

등등.

'그러고 보니, 왜 그럴까?'라고 생각되는 것이 몇 가지 있지 않습니까?

이 질문들의 공통점은 모든 답이 '좀처럼 행동하지 않는 소비자의 특성'

에 있다는 사실입니다.

일반적으로 제품(서비스 포함) 마케팅은 모든 것을 제품의 문제로 여기고 제품에서 답을 찾으려고 합니다.

어느 정도 맞는 부분도 있지만 거기에는 한계가 있습니다. 왜냐하면 오늘날 많은 문제는 제품 외부에 있기 때문입니다.

품질에 심혈을 기울여 최선을 다해 만든 제품이 팔리지 않는 이유를 제품 안에서는 찾을 수 없습니다. '제품이 너무 많아 고를 수 없다', '차이를 잘 모르겠다', '아직은 구매할 때가 아니다' 등 소비자의 문제, 즉 제품 밖의 문제입니다.

필자는 지금부터 '제품'에서 출발하는 마케팅이 아니라 제품 밖, 즉 소비자의 '행동'에서 출발하는 마케팅을 제시하고자 합니다. 마케팅의 출발점이 다르다는 의미에서는 '새로운 마케팅 전략'이라고 할 수 있습니다. 서두에 나온 '왜'의 답이 궁금하신 분은 꼭 본문을 읽어보시길 바랍니다. '아하! 그런 이유 때문이었구나'라며 납득할 수 있을 것입니다.

제품에서 생각하면 나오지 않는 답이 행동에서 생각하면 보입니다. 좀더 직접적으로 말하면 '사람은 좀처럼 행동하지 않는다'는 특성을 염두에 두고 생각하면 답이 보입니다.

그런데 왜 제품에서 생각하면 답이 나오지 않는 것일까요?

❖ 우리 생활은 제품 없이는 성립하지 않는다

최근 '심플 라이프', '비움' 등의 말을 자주 듣습니다. '미니멀리즘'이라고 해서 물건 없는 생활을 즐기는 사람도 있고, 자동차를 가지지 않고 카셰어로 만족하는 사람도 많아지고 있습니다.

그런데 정말 물건 없이 생활하고 있는 것일까요?

필요한 물건은 거의 보급되어 있어서 소비의욕이 정체되어 있는 것은 사실입니다. 예를 들어 급성장해 온 스마트폰 시장도 이 정도까지 보급되면 성장 둔화를 맞게 마련입니다.

그러나 잘 생각해 보시기 바랍니다. 수십 년 전과 비교하면 우리 생활은 이전보다 훨씬 더 물건에 의존하며 살고 있습니다.

저의 양친이 돌아가신 후 그분들이 사셨던 오래된 집을 정리했는데, 그때 나온 물건의 수는 놀라울 정도였습니다. 소박한 노인생활이었을 텐데 어째서 이렇게 많은 물건이 필요했을까요? 아마 나이가 들수록 일상생활을 가능하게 해주는 물건에 더 의존해야 했기 때문일 것입니다.

지금은 주택도 예전처럼 현장에서 목수가 기둥부터 손으로 직접 만드는 모습을 볼 수 없게 되었습니다. 공장에서 만들어진 규격의 부재를 조립할 뿐입니다. 집이 물건의 집합체로 바뀐 것이죠. 장인이 되기 위해 오랫동안 수행을 쌓지 않아도 매뉴얼을 읽으면 신입이라도 어느 정도의 작업이 가능하도록 하기 위해서는 물건이 아니었던 부분을 물건화하는 것이 빠른 길입니다.

규격화하면 제품은 대량생산이 가능해집니다. 대량생산을 하면 비용은 점점 낮아지고 소비자의 구입 장벽도 낮아집니다.

이렇게 해서 세상은 점점 물건으로 넘쳐나게 됩니다.

필자는 지금 도심의 한 쇼핑몰 테라스에서 이 원고를 쓰고 있습니다. 초

여름의 햇살이 쇼핑몰 광장을 화려하게 비추고 기분 좋은 바람이 분수 위로 지나갑니다. 매우 자연적이고 쾌적한 공간이지만, 자세히 보면 나를 둘러싸고 있는 많은 물건의 존재를 깨닫게 됩니다. 보도 타일, 화단의 꽃나무, 분수대의 수도꼭지 등 그 모든 것이 규격화된 시판제품입니다.

테이블 위에는 노트북과 수첩, 스마트폰, 테이크아웃 커피잔이 있습니다.

나의 '쾌적한 시간'은 이렇게 많은 시판제품으로 구성되어 있습니다.

밤. 자는 동안에는 제품과 관계없을 것이라고 생각할지도 모르지만 그럴 리는 없습니다. 침구, 마사지기, 수면양말, 협탁 위에는 휴대전화기와 자명종 시계, 그리고 에어컨이 있습니다. 쾌적한 수면은 많은 제품으로 유지되고 있습니다.

셀 수 없기 때문에 정확히는 모르지만, 기업들의 노력으로 제품 수는 매년 착실히 증가하여 매번 인류사상 최고기록을 갱신하고 있으리라 생각합니다. 미니멀리즘도 좋지만 이제 우리는 제품과 떨어져 생활하는 것이 불가능합니다. 현대의 경제는 제품소비를 통해 돌아가고 있으니까요.

여기서 오해하지 말아야 하는 부분은, 미니멀리즘 같은 물건 이탈 트렌드 때문에 제품 발상이 잘못되었다고 말하는 것이 아닙니다. 오히려 그 반대입니다. 제품이 넘쳐나고 제품에 의존하는 경제가 지속되는 때야말로 제품 안에서가 아닌 제품 밖에서 마케팅을 생각해야 합니다. 그러면 제품 밖에는 무엇이 있을까요?

소비자의 행동을 디자인하는 마케팅

❖ 제품의 외부에 있는 것

제품이 팔리지 않는 이유는 소비기피 때문이 아닙니다. 제품 수가 많아지고 비슷한 제품들의 경쟁이 심화되었기 때문입니다. 가격은 떨어지고 범용화되어 차별화도 어렵습니다. 즉, 제품 안에서 답을 찾을 수 없게 되었습니다. 그렇다고 획기적인 혁신제품이 쉽게 나오지도 않습니다.

그럴 때는 제품의 외부에서 마케팅을 생각해 볼 필요가 있습니다. '제품의 외부'란 무엇일까요?

'제품의 반대말은 인간이다'는 말이 있습니다. 디자인 분야에서 말하는 '인간 중심 디자인', 디지털 분야에서 말하는 'UI User Interface, UX User Experience' 등은 전부 인간 중심의 산물입니다. 우리 하쿠호도도 오래전부터 '생활자 발상'을 표방하고 있습니다. 정보의 수신자(생활자)들이 인간이기에 인간 중심 사고가 당연하다는 것은 의문의 여지가 없습니다.

문제는 그다음입니다. 마케팅은 제품(서비스 포함)의 판매촉진을 돕습니다. 언뜻 직접적인 판매촉진활동으로 보이지 않는 브랜딩도 최종적으로는 제품판매에 공헌하는 것을 목적으로 하고 있습니다.

그때 제품 쪽에서 생각하는 제품사고와 인간 쪽에서 생각하는 인간사고가 때때로 갈등을 일으킵니다. '이 제품을 구입해 주세요'라는 의도를 드러내면 드러낼수록 소비자의 마음에서 멀어지게 됩니다. 왜냐하면 소비자는 그 제품과 관계없는 보다 중요한 생활의 과제를 안고 있고, 또한 대부분의 경우 다른 제품으로 이미 충족하고 있기 때문입니다.

그래서 소비자의 마음에 가까이 다가가려고 하면 이번에는 제품에서 멀어지게 됩니다. 제품을 노골적으로 그리지 않는 광고가 호감도는 높지만 판매로는 이어지지 않는 경우가 바로 그런 경우입니다. 이것이 마케터들이 가지고 있는 공통된 딜레마입니다.

그러면 어떻게 하면 좋을까요? 그렇습니다. 인간(소비자)과 제품이라고 하는 양극단의 중간을 생각하면 됩니다. 인간과 제품 중간에 있는 것은 무엇일까요?

바로 '행동'입니다.

사람은 '가지다', '옮기다', '사용하다', '버리다' 등의 행동을 통해 제품과 연결되어 있습니다.

❖ 왜 행동디자인인가?

소비자의 의식과 마음은 눈에 보이지 않습니다. 그러나 행동은 눈에 보이고 그 행동을 통해 소비자의 의식과 마음을 유추할 수 있습니다.

마케팅 계획을 세울 때 제품 안이 아니라 제품 밖, 즉 눈에 보이는 소비자의 행동에 주목하고 그 행동을 제어하는 것에 힘을 쏟아보시기 바랍니다. 왜냐하면 사람과 제품은 행동을 매개로 연결되어 있기 때문입니다.

물론 사람의 행동을 제어하거나 변화시키는 일이 말처럼 쉽지는 않습니다. 오히려 의식을 바꾸는 일이 더 간단할 수도 있습니다. 다만 우리 연구소가 이 책에서 브랜드를 다루지 않는 것은 열심히 브랜드 이미지를 구축해도 그것이 반드시 (구매)행동으로 직결되지 않는 경우를 많이 봐왔기 때문이라는 것을 말해주고 싶습니다.

브랜드 이미지는 당연히 좋은 것이 좋습니다. 그러나 브랜딩 작업에는 시간과 비용이 듭니다. 전사적으로 해당 브랜드를 믿고 사랑하고, 거기에

막대한 비용과 오랜 시간을 투입할 의지가 없으면 브랜드 이미지는 그림의 떡입니다. 그렇게라도 해보겠다고 한다면 그것도 하나의 선택안이지만, 그보다는 제품과 소비자 사이에 정체되어 있는 행동, 중지되어 있는 행동을 원하는 방향으로 다시금 움직이게 하는 것이 더 빠르지 않을까요? 이것이 우리가 말하는 '행동디자인'이라고 하는 개념입니다.

디자인이라고 하면 많은 사람은 도안이나 색깔, 형상 등의 표면적 요소를 떠올릴지도 모릅니다. 그러나 그 어원은 '계획', '설계'라는 의미입니다. 즉, 디자인이라고 하는 행위는 아무것도 없는 것에서 구상하고, 설계하고, 최종적으로 그 설계를 눈으로 보고, 손으로 만질 수 있는 결과물로 만들어 현실공간에 정착시키기까지의 전체 과정을 의미합니다.

구상은 개념이며 추상적인 것입니다. 결과물은 매우 구체적이며 현실적인 것입니다. 그것을 하나로 연결시키는 것이 넓은 의미의 '디자인'이라고 하는 활동입니다. 아무리 훌륭한 개념도 그 자체로는 소비자에게 도달되지 않습니다. 눈으로 보고 손으로 만질 수 있는 구체적인 형태로 만들지 않으면 소비자 속으로 들어갈 수 없습니다.

우리 연구소가 '행동'에 '디자인'을 접목시킨 이유는 소비자의 의식뿐만 아니라 행동까지 구체적으로 만들어내는 디자인의 힘, 디자인이 창출하는 실체의 힘을 강하게 믿고 있기 때문입니다.

❖ 마케팅을 '행동'으로 재설계하다

지금은 마케팅 과제가 매우 고도화되고 있어서 제품, 광고 등 일부분의 영역만으로는 해결되지 않습니다. 유통·생산시스템, 경우에 따라서는 사내의 기업풍토·의식개혁까지 포함하여 전체를 통합적으로 변화시켜 가지 않으면 안 됩니다.

이는 최근의 의학계의 변화와도 비슷합니다. 지금까지 의사는 외과, 내과 등의 진료과로 나눠 좁은 영역에 특화하면 할수록 전문성이 높고 신뢰도도 높다고 여겨졌습니다. 그러나 지금은 '통합의'라고 하는 새로운 전문성이 요구되고 있습니다. 왜냐하면 사람(환자)의 몸은 마음을 포함하여 분할할 수 없는 존재이기 때문입니다.

'병을 치료하는 것이 아니라 건강을 증진하는 것이 의료의 최종목적'이라는 의식이 확산되면서 의학도 '사람을 총체적으로 보아야 한다'는 생각으로 바뀌어가고 있습니다.

마케팅도 마찬가지입니다. 소비자라고 하는 살아 있는 인간을 대상으로 하는 이상 부분이 아니라 전체로 소비자와 대면하는 발상이 필요합니다. 지금까지 분할되어 온 기존 마케팅을 다시금 하나의 통합된 마케팅으로 디자인하는 작업, 즉 마케팅의 재설계가 필요한 시대입니다.

첫 부분(1장, 2장)은 '시장을 행동으로 보다'라는 주제로 마케팅의 가장 중요한 개념인 시장(경쟁, 타깃, 점유율 등)을 제품이 아니라 행동으로 보도록 의식전환을 촉구하는 부분입니다.

다음 부분(3장, 4장)은 '감각을 행동으로 보다'라는 주제입니다. 때때로 행동을 저해하는 사람의 감각, 즉 무의식 속에 있는 리스크나 비용감각에 초점을 맞추고 있습니다. 이 감각을 이해하고 나아가 제어하는 방법에 대해 알아보도록 합시다.

세 번째 부분(5장, 6장, 7장)은 '목표를 행동으로 보다'입니다. 마케팅 목표를 행동성과(행동변화)로 설정하고 그 목표달성을 위한 방법론, 즉 행동디자인을 설계하는 방법에 대해 설명합니다. 기존의 인지획득형 마케팅을 행동획득형으로 전환하기 위해 생각해야 하는 것, 실현해야 하는 것을 적어두었습니다. 소비자의 행동을 유발하는 장치에 대해 관심이 있는 분은 이 부분을 참고하시기 바랍니다.

마지막(8장)은 '습관을 행동으로 보다'라는 주제로, 우리 연구소에서 실시한 조사결과를 토대로 행동을 습관화하는 방법을 제시하고 있습니다. 거기에는 '쾌감', '접근성' 등의 키워드가 등장합니다.

각 부분의 제언이나 키워드를 보다 쉽게 이해하기 위해 '행동관 입문'이라고 하는 칼럼을 삽입했습니다. 지금까지의 발상을 '행동 발상'으로 전환하기 위한 연습문제로 활용해 주기 바랍니다. 칼럼이니만큼 가볍게 읽어주면 좋겠습니다.

이 책이 지금까지의 제품 발상 마케팅에서 벗어나 '소비자를 행동하게 하는' 행동 발상 마케팅이라는 신세계에 들어서는 데 조금이나마 용기를 주고 도움이 되기를 바랍니다.

하쿠호도 행동디자인연구소
소장 구니타 게이사쿠國田圭作

1장
왜 우리 마케팅은
가끔 기능하지 않는 것일까?

교과서 이론에 충실하게 마케팅 계획을 세웠는데,

실제 실행에서는 제대로 기능하지 않았다, 이런 적 있지 않습니까?

어쩌면 그것은 '제품 발상'이 원인일 수도 있습니다.

'행동 발상'으로 전환하면 상황이 달라질지도 모릅니다.

1

제품 발상으로는 하락시장에서 더는 싸울 수 없다

여러분이 관계하고 있는 비즈니스는 지금 어떤 상태입니까? 보기 좋게 성장곡선을 그리고 있습니까? 성장이 미미한 수준이거나 감소합니까? 변동 없이 동일합니까? 아니면 지금까지는 순조롭게 성장해 왔는데 최근 성장세가 둔화되기 시작했습니까?

요즘 우리 연구소에 들어오는 상담은 대부분 '국내시장이 축소·하락 추세에 있다'고 하는 하락시장에 대한 안건입니다.

사실 최근 30년 사이에 하향곡선을 그리면서 축소되는 시장이 적지 않게 있습니다.

예를 들면 일본 술. 지역 명주名酒 붐, 대음양주大吟醸酒의 해외수출 등으로 일본 술이 화제가 되고 있다는 이야기를 자주 듣곤 하지만, 사실 장기적 추세로는 계속 하락하는 상태입니다.

일본 술과 상관이 있어 보이는 일본 차, 간장, 된장도 마찬가지입니다. 일본 술과 상관이 없을 것 같은 껌, 디지털 카메라 시장도 하락세에 있습니다.

그러한 하락시장을 어떻게 해서든 개선하여 회복세로 돌릴 수 없을까? 이런 심각한 문제에 대해 해답을 내는 것이 그리 쉽지는 않습니다. 하지만 정말 진지하게 이 문제와 대면한다고 하면 어떻게 하면 좋을까요?

우선 가장 흔히 하는 발상으로 하락의 원인을 '대체품'에서 찾을 것입니다. 즉, 일본 술 시장이 감소하는 것은 주하이(저알콜 탄산소주)나 와인의 소비가 증가하기 때문이라는 것입니다(그림 1-1). 디지털 카메라 시장이 축소

27

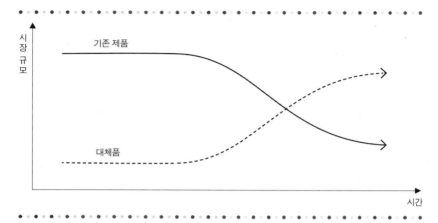

그림 1-1_ 하락곡선(기존제품)과 상승곡선(대체품)으로 시장의 변화를 보다

되는 것은 스마트폰 카메라의 화질이 개선되었기 때문이라고 하는 설명도 마찬가지입니다. 이는 하나의 사실이고 틀리지 않습니다.

그러나 그 발상에는 큰 문제가 있습니다.

❖ 제품 발상에서 탈제품 발상으로

제품 발상이란 시장을 제품 = 카테고리로 규정하는 발상입니다.

대체품도 제품 발상입니다. 제품 발상에서는 다음과 같은 사고회로가 생성됩니다.

일본 술의 상품력을 어떻게 올릴 것인가, 가격이 저렴하다는 것을 소구하는 것은 어떨까, 생산방법과 생산자를 앞세워 일본 술의 장점을 홍보해 보는 것은 어떨까, 포장 패키지를 귀엽게 만들고 맛도 젊은 여성의 취향에 맞게 더 깔끔

소비자의 행동을 디자인하는 마케팅

하게 하는 것은 어떨까.

이런 접근법은 지금까지 많이 실행되어 왔지만 근본적인 해결은 되지 않고 있습니다. 왜냐하면 그 모든 것이 일본 술이라고 하는 제품을 주어로 하는 제품 발상이기 때문입니다. 이 같은 제품 발상이 현상타파의 가능성을 가둬두는지도 모릅니다.

해외의 어느 슈퍼마켓이 고객의 구매 데이터를 상세하게 분석한 결과 맥주와 종이 기저귀를 함께 구입하는 고객이 많다는 흥미로운 사실을 발견했다는 일화는 잘 알려져 있습니다. 출전이 확인되지 않았기 때문에 분석의 정확도가 어느 정도인지는 모르지만, 이 병행 구입에 무언가 인과관계가 있다고 하면 그 이유는 아마도 다음과 같은 것이 아닐까 생각합니다.

아이가 태어나자 아빠도 육아를 돕게 된다. 직장에서 퇴근한 후 술집에 들르지 않고 빨리 귀가한다. 그러다 보니 자택에서 맥주를 마시는 경우가 많아져 귀갓길에 슈퍼마켓에 들러 종이 기저귀와 맥주를 함께 구입한다.

언뜻 관계없을 것 같은 제품(맥주)과 제품(종이 기저귀)이 한 사람의 구매 행동 안에서는 유기적으로 연결되어 있습니다. 그러나 제품 발상으로 생각하는 한 이러한 인사이트를 얻는 것은 매우 어려울 것입니다.

2 시장을 제품으로 분류하기 때문에 해결책이 보이지 않는 것이다

제품 발상을 좀 더 풀어서 설명하면 '시장을 제품 카테고리로 분류하고 해당카테고리 시장 안에서 마케팅을 생각한다'는 의미입니다. '시장을 제품으로 분류한다'는 것이 포인트입니다.

우리는 'ㅇㅇ시장'이라고 할 때 제품 카테고리로 생각하는 습관이 뿌리 깊게 박혀 있기 때문에 그것에 위화감을 느끼는 것이 오히려 이상할지도 모르겠습니다. 시장에 관한 통계 데이터도 전부 제품 단위로 되어 있고 업계도 제품 단위로 조성되어 있습니다. 점포도 도매상도 감독관청도 제품으로 나뉘어 있습니다.

즉, 제품과 떨어져 시장을 보는 것은 현실적이지 않고, 게다가 제품으로 생각하면 고생하지 않았습니다, 지금까지는.

그런데 소비자가 실제 제품을 구입할 때는 그렇게까지 시장을 의식하지 않습니다. 제품으로 구분하면 식품시장과 음료시장은 명확하게 나뉘어 있습니다. 그러나 요구르트는 때로 샐러드의 대체품, 때로 음료의 대체품, 때로는 간식용 과자 대체품으로 소비되고 있습니다. 요구르트와 시리얼, 계란, 수프는 제품으로 보면 다른 카테고리지만 실제로는 전부 아침식사에 등장하는 식품입니다.

즉, 조식을 먹는 행동에 대응하는 조식 시장, 간식을 먹는 행동에 대응하는 간식 시장 등으로 구분하는 것이 실제의 생활에 더 맞습니다. 이것이 '행동으로 시장을 본다'는 우리 연구소의 접근법입니다.

다만 조식 시장이라든가 간식 시장이라는 것은 개념으로는 성립해도 구분이 애매모호하기 때문에 정확한 통계가 존재하지 않습니다(조식이나 간식의 평균단가에 먹는 사람의 수를 곱해서 시장규모 산출 가능). 통계가 없으면 시계열분석도 불가능하기 때문에 결국 기업은 제품 단위로 마케팅을 생각하게 되는 것입니다.

❖ 제품으로 분류한 시장은 하락세를 돌파할 수 없다

제품으로 분류한 시장이 성장하고 있을 때는 다른 것을 생각하지 않아도 좋습니다. 경쟁사보다 더 좋은 제품을 만든다든가 가격을 더 낮춘다든가 하면 시장 내에서 경쟁력을 확보할 수 있습니다. 시장 규모, 시장 성장률, 시장 점유율. 이들은 제품으로 분류한 시장을 측정하는 대표적인 지표입니다(그림 1-2).

점유율은 이른바 소비자의 '지지율'이므로 기업 간의 마케팅 경쟁력을 측정하는 기준이 됩니다. 대부분의 마케팅 교과서에는 시장점유율이 가장 중요한 전략지표로 되어 있고, 그래서 그 부분에 많은 지면을 할애하고 있습니다. 즉, 시장이 커지고 있을 때 경쟁은 점유율 경쟁이 됩니다.

마케팅 경쟁 = 점유율 경쟁

마케팅 교과서에 자주 나오는 '시장세분화'라는 것도 실은 시장이 커지고 있을 때의 발상입니다. 물론 전체 시장을 상대로 싸우는 것보다 자사에게 유리한 시장을 표적 시장으로 규정하고 거기에서 싸우는 것이 승률이 높다는 견해는 틀리지 않다고 생각합니다.

그러나 시장이 축소되고 있다면 세분 시장에서는 비즈니스가 성립하지 않게 됩니다.

그러면 어떻게 하면 좋을까요?

사실 고전적인 마케팅 교과서는 대부분의 시장이 성장하던 고도성장기의 시장환경을 배경으로 합니다. 그렇기에 하락세 환경에 관해 '시장이 포

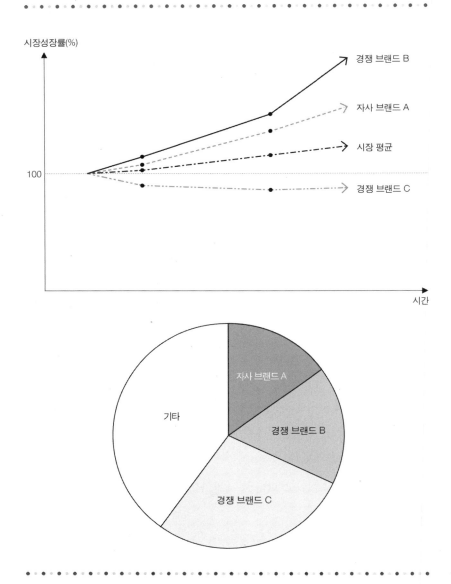

그림 1-2_ 기존의 관리지표(시장의 성장률과 점유율)

소비자의 행동을 디자인하는 마케팅

화상태가 되면 점유율이 높은 제품은 마케팅 투자를 줄이고 이익을 확보해야 한다, 시장이 정체·축소되면 빨리 철수를 생각해야 한다'고 단호하게 말하고 있습니다.

이것이 큰 문제입니다.

제조설비와 종업원을 안고 있는 기업은 그렇게 간단히 철수를 할 수 없습니다. 다른 시장에서 승부할 노하우나 자원이 부족하다면 더욱 그러할 것입니다. 장수제품을 보유하고 있는 1등 기업일수록 어떻게든 하락세를 멈추고 시장을 회복기류에 올리기 위해 마케팅 투자를 해야 합니다. 이는 기업책임이기도 합니다.

아쉽게도 지금 많은 국내시장이 직면해 있는 하락세에 대한 해결책은 마케팅 교과서의 어디에도 적혀 있지 않습니다.

3 하락시장이야말로 행동 발상으로 전환할 기회

그럴 때 제품으로 분류된 시장에서 돌파구를 찾는 것은 무의미합니다. 더는 제품 안에 해답이 없기 때문입니다. 이는 우리 연구소가 제품이 아니라 행동으로 생각해야 한다고 주장하는 이유이기도 합니다.

예를 들어 디지털 카메라. 품질·디자인의 향상이나 가격을 낮추는 방법은 디지털 카메라 시장 안에서의 경쟁에는 도움이 됩니다. 그러나 모두가 스마트폰으로 사진을 찍고 SNS에 올려 공유하는 지금 시대의 '사진행동'에서 그러한 방법은 효과적인 해결책이 되지 못합니다. 답은 제품의 외부, 즉 사진행동에 있습니다.

다시 일본 술 이야기로 돌아가 볼까요? 지금 와인이 성장하고 있다면 와인은 언제, 어디서 주로 마시고 있습니까? 거의가 식사와 함께일 것입니다. 식생활이 서구화되었기 때문에 식중주食中酒로서 일본 술보다 와인이 선택되고 있습니다.

'식중주'라고 하는 것은 식사를 더 즐기기 위해 술을 곁들이는 행동을 일컫는 명칭입니다. 즉, '식중주 행동'이라는 행동이 존재합니다.

최근에 갔던 음식점의 음료 메뉴를 떠올려 보세요.

거의 대부분의 음료 메뉴는 소프트드링크, 알코올음료 등의 대분류가 있고, 그다음에 와인(레드/화이트/스파클링), 일본 술, 소주 등의 소분류가 나오고, 그 안에 다양한 브랜드가 나열되어 있습니다. 이는 우리도 인식하지 못하는 사이에 제품 발상을 하고 있다는 것을 보여줍니다.

판매자가 제품 발상으로 제안하면 구매자도 그 안에서 선택하게 됩니다.

그래서 자연스럽게 양식이면 와인, 일식이면 일본 술이나 소주 등을 선택합니다. 그렇게 되면 일식당이 아닌 곳에서 일본 술이 선택될 확률은 더욱 낮아집니다. 이 같은 상황이 일본 술 시장을 장기적인 하락세로 몰아간 원인 중 하나라고 할 수 있지 않을까요?

이때야말로 제품이 아니라 '식중주 행동'이라는 행동을 생각할 기회입니다. 품질을 더욱 향상시키면 자연히 구매하게 될 것이라는 생각(제품 발상)으로는 돌파할 수 없는 상황이기 때문입니다.

❖ 행동이 제품과 제품을 연결한다

음료메뉴를 식중주 행동에 맞게 작성할 수 있습니다. 화이트와인, 레드

와인, 일본 술 같은 분류법 대신 '담백한 요리에 맞는 술', '무거운 요리에 맞는 술' 등과 같은 분류로 해서 그 안에 와인과 함께 일본 술 브랜드를 자연스럽게 섞어 넣으면 어떨까요?

더 구체적으로 메뉴와의 궁합, 이를테면 '이 술은 지방이 많은 생선요리에 잘 어울린다' 등의 코멘트를 달아놓으면 와인뿐만 아니라 일본 술도 고려 대상에 들어갈 가능성이 한층 높아집니다.

'양식이든 일식이든 와인만 마신다'는 극단적인 사람이 아니라면 일반 소비자는 와인만 고집하지는 않을 것입니다. 주문한 음식의 맛을 가장 잘 끌어내 줄 술을 선택하려는 소비자에게 이 같은 제안은 식중주의 선택 폭을 크게 확장시켜 줄 것입니다.

그럼에도 '와인으로 하겠습니까? 일본 술로 하겠습니까?'라는 질문을 한다면 양식당에서는 일본 술이 선택될 확률이 매우 낮아지게 됩니다.

제품 카테고리로 선택안을 준비하면 스스로 기회를 저버리게 되는 것입니다.

일식에서는 빠질 수 없는 간장도 서구화된 식생활의 영향을 크게 받고 있습니다. 그러나 서구화는 육식의 빈도, 즉 '고기를 먹는 행동'을 증가시킵니다. 그렇다면 거기에 간장의 기회가 있지 않을까요?(5장 참조)

예를 들어 양식에 어울리는 패키지 디자인으로 바꾼다든지, 마늘간장·와인간장 등 육류요리에 어울리는 제품을 출시하는 것도 하나의 방법입니다.

간장은 간장시장, 와인은 와인시장 등과 같이 제품 카테고리로 시장을 분류하는 한 각각은 상관없는 제품이 됩니다. 그러나 행동에 주목하면 다른 카테고리에 속하는 제품들이 행동 안에서는 연결된다는 사실을 알게 될 것입니다. 즉, 행동이 제품과 제품을 연결하고 있습니다.

4 '제품에서 현상으로'의 전환은 행동으로 생각하면 어렵지 않다

　'제품이 아니라 현상을 파악하라'라는 말은 꽤 오래전부터 제기되었던 것입니다. 여러분도 머리로는 제품에서 벗어나 현상을 보려고 하지만, 현장에서는 변함없이 제품 단위로 시장을 보고 점유율에 일희일비하지 않습니까?

　사실 오랫동안 이어온 생각의 틀을 깬다는 것이 쉽지는 않습니다. '사람은 좀처럼 행동을 바꾸지 않는다'고 하는 말은 소비자에게만이 아니라 기업에도 해당됩니다.

　그런데 행동과 마찬가지로 현상도 통계나 시계열데이터가 존재하지 않는데 어떻게 제품에서 현상으로 시선을 옮기는 것이 가능할까요? 그때는 행동으로 생각하는, 즉 행동 발상이 도움이 됩니다.

　예를 들면 즉석카메라. 예전에는 즉석카메라라고 하면 폴라로이드가 카테고리 대명사였던 시대도 있었지만 이미 폴라로이드사는 즉석카메라도 필름도 생산이 중지된 상태입니다.

　즉석카메라는 원래 필름현상이라고 하는 후공정이 필요한 필름카메라에 대한 우위성이 존재 이유였습니다. 그러나 디지털 카메라나 스마트폰으로 찍은 사진을 일일이 현상하지 않고 데이터로 보존하거나 다른 사람에게 보내거나 하는 행동이 일반화되어 즉석카메라의 우위성을 잃게 되었습니다.

　제품우위성을 상실한 즉석카메라를 카메라시장(제품) 안에서만 생각한다면 출구를 찾기 힘들 것입니다.

소비자의 행동을 디자인하는 마케팅

❖ 타깃은 무엇을 위해 어떤 행동을 하기 원할까?

즉석카메라를 카메라라고 하는 제품에서 생각하지 않고 '사진행동'에서 생각하면 어떻게 될까요?

젊은 사람들의 사진행동을 관찰·분석하면 사진을 찍는 것 이상으로 친구들과 소중한 시간을 공유하는 것을 중시하고 있다는 것을 알 수 있습니다. 즉, 그들의 사진행동은 일종의 '커뮤니케이션 행동'인 것입니다.

그렇다면 그들의 커뮤니케이션 행동을 철저히 분석하면 디지털 카메라나 스마트폰이 대체할 수 없는 출구를 찾을 수 있을 것입니다. 이를테면 즉석카메라로 찍은 사진을 축하카드 대신 사용한다든지, 손으로 쓴 메시지를 삽입할 수 있도록 하면 그들의 커뮤니케이션 행동을 더욱 활성화시키는 즉석카메라만의 아이디어가 될지도 모릅니다.

즉석카메라를 '사진을 찍는 제품 + 즉시 현상할 수 있는 제품'으로 생각하는 것이 제품 발상입니다. 거기서 벗어나 현상을 보려고 해도 어떻게 하면 좋을지 막막할 것입니다. 그래서 '타깃은 무엇을 위해 어떤 행동을 하기 원하는지'를 생각하는 행동 발상을 제안하는 것입니다.

제품이 아니라 현상을 파악하는 일이 훨씬 쉬워질 것입니다.

5 행동 발상을 통해 부활한 영화산업

1950~1960년대에 몇몇 국가에서 영화가 사양 산업이 된 적이 있습니다. 그때까지 압도적인 대중오락이었던 영화가 TV에 왕좌를 빼앗겼기 때문입

니다.

그때 TV에 대항하는 전략으로 'TV보다 재미있는 대중오락작품을 추구한다'는 식의 접근법을 취한 영화사들은 대부분 경영부진에 빠졌습니다. TV가 모방할 수 없는 대작을 만들려고 제작비를 과다 투입한 결과, 수익성은 낮아지고 손익분기점이 되는 흥행성적의 기준은 높아지게 된 것입니다. 그들은 영화를 '작품'이라고 생각하고 있었습니다. 그것은 제품 발상입니다.

영화관도 많이 폐관되었습니다.

몰락해 가던 영화산업을 구했던 것은 무엇이었을까요? 스티븐 스필버그나 조지 루카스의 등장이었을까요? 아니면 J. K. 롤링Joanne Kathleen Rowling (해리포터의 원작자)이었을까요?

❖ 영화를 '판타지 몰입 행동'으로 보다

그들 덕분이라고 생각하는 사람도 있겠지만, 사실 그것도 제품 발상입니다. 그 같은 유명 감독이나 작가가 없던 사양 시대에도 훌륭한 작품은 많이 나왔을 것입니다.

영화를 작품이 아니라 판타지 세계에 몰입하기 원하는 소비자 욕구를 만족시키는 것, 즉 '판타지 몰입 행동'으로 시점을 바꿨기 때문에 영화산업은 다시 부활할 수 있었습니다.

이는 발상의 대전환입니다.

또한 대형TV가 보급된 덕분에 집에서 영화를 감상하고 판타지 세계에 몰입하는 행동을 할 수 있게 되었습니다. 이제 영화사는 영화관이라는 장

소비자의 행동을 디자인하는 마케팅

소에 의지하지 않고 콘텐츠 매출로도 제작비를 회수할 수 있습니다. 경쟁자였던 TV가 협력자가 되어준 것입니다.

판타지 세계의 몰입감을 보다 실감나게 맛볼 수 있는 테마파크사업을 전개하고 영화콘텐츠를 2차, 3차 이용함으로써 성공한 영화사도 있습니다.

게임콘텐츠를 영화로 전용하거나 영화를 게임화하는 것도 판타지 몰입 행동을 잘 이용한 마케팅이라고 할 수 있습니다.

❖ 새로운 영화행동의 발견

또한 영화의 가치를 콘텐츠가 아니라 '영화관이라고 하는 특수한(비일상적인) 환경에서 시간을 보내는 행동'으로 재규정함으로써 새롭게 탄생한 비즈니스도 있습니다. 바로 시네플렉스cineplex입니다.

편안한 의자에 앉아 음식을 먹으면서 영화를 즐길 수 있는 시네플렉스는 데이트 장소로서 젊은 세대를 모을 수 있게 되었습니다. 어떤 영화를 볼 것인지 미리 정하고 그것을 상영하는 영화관을 찾는 것이 기존의 영화행동이었습니다. 그것을 '시네플렉스에 가서 그날의 상영작 중에서 보고 싶은 영화를 선택한다'는 행동으로 전환시키자 그때까지 없던 데이트 행동을 디자인할 수 있었습니다.

물론 시네플렉스도 미래가 완전히 보장되어 있는 것은 아닙니다. 최근에는 카페 등 좋아하는 장소에서 스마트폰이나 태블릿으로 원하는 시간에 영화를 즐기는 영화행동이 증가하고 있습니다.

그렇다면 음향효과를 그다지 사용하지 않고 등장인물의 대화를 중심으로 하는 작품이나 20~30분 안에 볼 수 있는 단편영화를 만드는 것이 영화사

측에 또 다른 기회를 만들어줄지도 모르겠습니다.

어떻습니까? 이렇게 보니 '시장하락세를 극복하는 답은 제품 안에서가 아니라 제품의 외부, 즉 행동에 있다'고 하는 의미를 조금은 이해할 수 있겠죠?

6 아무도 하지 않기 때문에 기회다

우리는 비즈니스 성공비결에 대해 다음과 같은 말을 자주 듣습니다. '성공비결은 단 하나, 아무도 하지 않는 것을 하는 것이다.'

모두가 같은 방향으로 달리고 있을 때 한 사람만 반대방향으로 달린다는 의미입니다.

주지하듯 이는 말이 쉽지 실행할 수 있는 일이 아닙니다. 불안하기 때문입니다. 무리지어 있는 새들도 무언가에 놀라면 동일한 방향으로 일제히 날아오릅니다. 택시도 다른 택시가 많이 늘어서 있는 장소에서 손님을 기다린다고 합니다.

모두와 다른 정반대로 가면 그 사람만 실패할지도 모릅니다. 업계와 함께 동일한 방향을 보고 경쟁하는 것이 안심이 되기도 합니다. 그러나 업계 안에서, 즉 제품으로 분류된 시장 안에서 경쟁을 생각하는 한 다른 기업과 나란히 잠겨버릴 위험 또한 존재합니다.

하락시장에서는 경쟁자의 수도 적어지고 모두 적극적인 마케팅 투자를 하지 않게 됩니다. 따라서 하락세야말로 '지금까지 아무도 하지 않았던' 마케팅을 투입하여 독자적인 포지션을 획득할 천재일우의 기회일지도 모릅니다. 즉석카메라나 영화산업의 예는 바로 그런 경우입니다.

경쟁사들이 아직 제품 발상을 하고 있다면 우리가 먼저 행동 발상을 하는 것이 이기는 길입니다. 제품시장이 하락세인 지금이 행동 발상으로 전환하는 기회이며 경쟁에서 벗어나는 기회입니다. 제품 발상으로는 이제 해결되지 않는 시대이기 때문입니다.

♣ 소매업도 아직 제품 발상

슈퍼마켓이나 편의점 등의 소매업은 매장이라고 하는 공간을 파는 비즈니스입니다. 이 공간을 '제품을 진열하는 장소'라는 제품 발상으로 생각할 것인지, '사람이 구입 등 무언가의 행동을 하는 장소'라고 하는 행동 발상으로 생각할 것인지에 따라 비즈니스의 양상은 크게 달라집니다.

소매업은 제조업과 달리 설비투자가 부담스럽지 않기 때문에 굳이 제품 발상을 고집할 필요가 없습니다. 매대에 진열되는 상품을 하룻저녁에 바꿔버리는 일도 불가능하지 않습니다.

그러나 실제로는 많은 소매업이 아직도 기존의 제품 발상에 머물러 있는 느낌입니다. 제조사가 제품 단위로 시장을 나누고 있기 때문일 수도 있습니다.

7 행동 발상으로 전환한 소매업의 성공에서 배우다

오래전, 아직 세상에 매장 수가 적었던 시대는 매장을 신규 출점하는 것만으로 매출이 올라갔습니다. 그때는 보다 많은 제품을 갖춘 매장이나 보다 저렴하게 판매하는 매장이 고객을 많이 모을 수 있었습니다.

다이에, 이토요카도, 자스코, 세이유 스토어 등 GMS General Merchandise Store(종합소매업)라고 불리는 형태의 매장이 큰 성공을 거둘 수 있었던 것은 그러한 시대였기 때문입니다.

그러나 지금은 유통회사들의 출점이 매우 어려워지고 있습니다. 인구대비 매장 수가 많아졌기 때문입니다. 당연히 한 점포당 매출은 감소합니다. 매장이 증가하면 상권이 점점 작아지고 내점객 수가 줄기 때문입니다. 저렴하게 팔아도 예전처럼 멀리 있는 고객까지 모으기는 힘듭니다. 더 가까운 곳에 가격이 비슷한 매장이 있기 때문입니다.

그리고 지금은 무엇이든 인터넷으로 구매하는 시대입니다. 아무리 많은 제품을 매장에 진열한다 해도 인터넷의 재고에는 못 따라갑니다.

이 같은 힘겨운 경쟁 속에서 그래도 매출증가를 이루고 있는 소매업이 있습니다. 이들은 제품 발상에서 탈피한 매장들입니다.

예를 들어 식품 매대 옆에 여유롭게 쉴 수 있는 인스토어 공간을 만든 슈퍼마켓, 점장이 조언을 해주고 시승해 볼 수도 있는 자전거 매장, 무슨 가게인지 구분이 잘 가지 않기 때문에 의외의 상품을 만날 수 있는 잡화점, 편집숍도 그중 하나입니다. 최근에는 옷, 책, 잡화를 함께 판매하는 편집숍도 있고, 거기서 커피를 마실 수 있는 곳도 있습니다.

이들 매장에 공통하는 것은 무엇일까요?

그것은 소비자가 일상 속에서 어떤 시간, 기분, 어떤 행동을 하는지 명확하게 상정하고 있다는 점입니다. 매장이라는 공간을 활용하여 소비자가 원하는 행동을 어떻게 즐겁고 쾌적하게 실현해 줄 수 있는지, 그를 위해서는

소비자의 행동을 디자인하는 마케팅

무엇을 판매하면 좋은지 등을 생각한 것입니다. 제품이 아니라 고객의 행동에서 판매방식을 생각했기 때문에 근처의 고객뿐만 아니라 멀리서부터 일부러 찾아오는 고객들까지 불러들이는 데 성공한 것입니다.

이러한 소매업의 행동 발상은 제조업에서도 배울 점이 많다고 생각합니다.

2장

마케팅은 소비자의 행동을 쟁탈하는 경쟁이다

행동으로 시장을 분류해 보면 제품 발상과는 다른 착안점이 보입니다.

소비자는 동일한 시간·공간 속에서 다양한 제품을 선택하면서 행동합니다.

자사 제품이 그 안에 있는지,

어떻게 하면 그 안에 들어갈 수 있는지,

그것을 생각하는 것이 중요합니다.

1 행동에서 새로운 시장을 발견하다

행동과 시장의 관계에 대해 좀 더 자세히 논지를 정리해 봅시다.

1장에서 '행동으로 시장을 분류한다'는 새로운 시장개념을 제시했습니다.

행동을 기준으로 자사 제품이 어떤 행동시장에 속하는지 또는 속할 여지가 있는지를 생각해 보면 하락세에 있는 시장이라도 성장가능성을 찾아낼 수 있지 않을까 하는 것이 우리 연구소의 생각입니다. 즉, 해결책은 시장을 어떻게 보느냐에 달려 있습니다.

제품의 분류는 고정적이지만 행동의 분류는 탄력적입니다. 시네플렉스를 영화행동으로 봐도 되고 데이트행동으로 봐도 좋습니다. 자신에게 좋은 쪽으로 분류하면 됩니다. 여기에 발상전환의 열쇠가 있습니다. 따라서 시장의 분류법은 매우 중요한 과제입니다.

❖ 행동과 관련한 제품들을 하나로 묶다

조식시장, 식중주시장, 사진시장 등은 전부 '다른 카테고리에 속하는 제품군을 동일한 하나의 행동으로 묶은 시장'입니다. 이를테면 사진시장은 사진과 관련한 행동으로 묶은 시장으로, 여기에는 디지털 카메라, 스마트폰 카메라뿐만 아니라 액자나 앨범 등 다수의 관련 제품군이 포함됩니다. 행동이 제품과 제품을 연결하여 시장을 형성하고 있는 것입니다.

이들 시장은 행동으로 묶은 시장이므로 'ㅇㅇ행동'에 대응합니다. 조식시장은 조식행동에 대응하고 사진시장은 사진행동에 대응합니다.

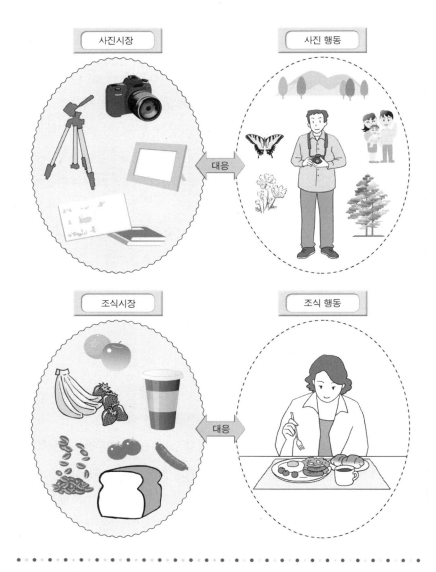

그림 2-1_ 시장을 행동으로 묶다

소비자의 행동을 디자인하는 마케팅

행동의 묶음에 정해진 것은 없습니다. 소비자의 행동실태를 어떻게 읽고 해석하는지에 따라 분류는 바뀝니다. 그렇게 때문에 기존 제품시장 안에서 싸우던 경쟁상대를 이길 기회가 여기 있는 것입니다(그림 2-1).

❖ 요구르트는 무슨 시장일까?

여러분이 여성을 타깃으로 하는 과육 함유 요구르트 제품의 마케팅 담당자가 되었다고 가정해 봅시다. 타깃이 그 요구르트를 간식으로 먹는다고 보면 그것은 '간식행동'이며 '간식시장'이 마케팅의 기점이 됩니다. 건강을 위해 먹는다면 그것은 '건강행동'이며 '건강시장'에서 싸우는 방법을 생각하게 됩니다. 어느 쪽을 선택할지는 여러분의 몫입니다.

건강시장은 최근 크게 성장하고 있는 시장이므로 이쪽에 좀 더 기회가 있을지도 모르겠습니다. 그러나 해당 요구르트의 맛이나 내용물이 너무 간식 같아 보인다면 그 상태로 건강시장에 진입하는 것은 곤란합니다. 건강시장은 건강보조식품에서 스포츠센터에 이르기까지 시장이 매우 거대하므로 경쟁상대(선택안에 들어가는 상품군)도 많이 존재한다는 것을 잊으면 안 됩니다.

그러면 오히려 간식행동 쪽에 더 가능성이 있을지도 모르겠습니다. 간식시장에서 해당 요구르트를 붐업Boon-up시킬 기회가 있는지 먼저 살펴보아야 합니다. 그를 위해서 내용물 구성은 괜찮은지, 네이밍이나 패키지 디자인은 그대로 좋은지, 유통을 어디에 집중할 것인지, 간식시장 안에서 부가가치를 얻을 수 있다면 가격을 더 올릴 수 있는지 등을 생각하는 것이 다음 단계입니다.

이는 마케팅의 '4P'를 간식시장이라고 하는 새로운 시장에서 하나하나 다시 만들어가는 작업입니다. 이 작업에 관해서는 6장(행동디자인 설계법)에서 상세히 설명하겠습니다.

2. 시장은 소비자의 특정 행동에서 선택될 가능성이 있는 상품의 집합체

'행동으로 시장을 분류한다'는 개념을 좀 더 쉽게 풀면 '소비자가 특정 행동을 할 때 선택될 가능성이 있는 상품군이 무엇인지를 생각해 본다'는 의미가 될 것입니다.

그 상품군에는 커피, 홍차 같은 '대체관계'에 있는 것도 있지만, 홍차와 쿠키같이 동시에 선택되는 '보완관계'에 있는 것도 있습니다. 조식시장으로 말하면 요구르트와 과일은 때로는 대체관계, 때로는 보완관계에 있습니다. 출출할 때 먹는 행동으로 스낵과자와 수프를 같이 선택하면 보완관계에 있고, 최근에는 수프 대신 무가당 탄산수를 선택하기도 하므로 이 둘은 대체관계에 있다고 할 수 있습니다.

육아행동에서 선택될 가능성이 있는 상품군이 육아시장을 조성하고 있다고 보면, 왜 맥주와 종이 기저귀가 함께 육아시장에 들어가는지 이해가 될 것입니다.

맥주와 종이 기저귀는 제품으로는 대체관계도 보완관계도 아니지만, 행동으로 분류한 시장에서 보면 이 둘은 보완관계에 있습니다. 하지만 둘 다 부피가 큰 짐이기 때문에 비 오는 날은 어느 한쪽의 구입을 포기할 가능성이 있습니다. 즉, 대체관계에 있다고 할 수 있습니다. 그렇게 보면 동일한

소비자의 행동을 디자인하는 마케팅

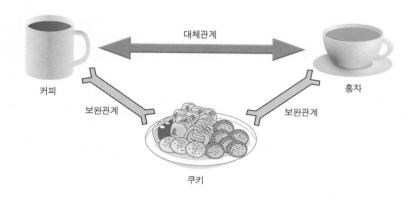

그림 2-2_ 대체관계와 보완관계

시장 안에 있는 상품군은 때로는 보완관계, 때로는 대체관계가 될 수 있습니다.

정리하겠습니다.

행동으로 시장을 분류하면 시장의 개념은 '동일한 목적, 동일한 시간대나 기분 안에서 선택될 가능성이 있는 상품군의 집합체'라고 규정됩니다.

그리고 행동으로 분류한 시장의 집합, 즉 육아시장, 조식시장 등의 집합이 국내 총소비시장 중 일부를 형성하고 있다는 것이 우리 연구소의 견해입니다. 그러므로 제품 단위의 시장규모나 성장률이 아니라 육아행동이 만들어내는 육아시장이나 조식행동이 만들어내는 조식시장의 총량과 그 증감에 주목해야 합니다.

❖ 행동량에 주목하다

　시장의 총량과 증감은 **행동량**에 달려 있으므로 당연히 행동량이 증가하고 있는 시장이 좋습니다.

　행동량이란 한 사람이 특정 행동에 투입하는 **자원**(금액, 빈도 등)에 **참가인원 수를 곱한 값**입니다. 행동량을 증가시키기 위해서는 인원 수를 늘리거나 한 사람 한 사람의 자원투입량을 증가시킬 수밖에 없습니다. 저출산 고령화로 인원 수가 더는 증가할 것 같지 않은 시대에서는 한 사람의 자원 투입량이 중요한 변수가 됩니다.

　참가인원 수를 증가시켜 자사 제품의 성장기회를 노리는 전략으로, 이를테면 '덮밥 전용 간장'이라는 제품으로 간장시장의 확대를 목적으로 한다면, 아침밥을 먹지 않는 젊은 남성들이 조식행동을 하게 되면 덮밥 전용 간장의 기회도 확대될 것입니다.

　덮밥 전용 간장의 맛을 전달하는 것은 제품 발상, 젊은 남성의 조식행동을 증가시켜 조식시장을 확대하는 것은 행동 발상. 이 차이는 이제 충분히 숙지했으리라고 봅니다.

❖ 용어의 정의

　이처럼 소비자의 행동량을 증가시키는 것이 행동디자인의 역할입니다. 그 구체적인 방법에 대해서는 다음 장에서 차차 설명하는 것으로 하고, 여기서는 지금까지 나왔던 몇 가지 용어를 행동디자인 관점에서 정의해 보도록 하겠습니다. 기존의 제품 발상 정의와는 상당히 다르다고 느낄 것입니다.

[행동]: 한 사람의 생활 속에서 발생하는 다양한 행동

o 특정 카테고리 제품과 관련한 행동(이를테면 커피행동)이나 복수카테고리제품을 동시에 사용하는 행동(이를테면 조식행동)이 있다.

o 행동에는 물리적인 운동에너지와 시간, 때로는 비용이 소비된다. 그것은 소비자에게 유한하면서 귀중한 자원이다.

o 현대사회에서 인간의 거의 모든 행동은 특정 상품/서비스를 사용하는 '상품행동'이다. 밤의 수면행동조차 시판되고 있는 침구 없이는 실행되지 않는다.

o 온라인에서의 행동, 이를테면 배너광고를 클릭하는 것도 하나의 행동이지만 운동량과 시간은 오프라인 행동에 비하면 훨씬 작다.

[행동량]: 일정 기간 동안 소비자 한 사람이 특정 행동에 투입하는 자원(금액, 빈도 등) × 참가인원 수. 총행동량이 시장규모를 결정한다.

o 금액이나 빈도는 행동의 '질적 지표'라고 할 수 있다. 예를 들어 도서의 경우, 구입하는 사람(=발행부수)이 많지 않은 책이라도 몇 번이고 반복해서 읽히는 책은 '독서 행동량'으로 보면 베스트셀러에 필적한다고 볼 수 있다. 이것이 중고책 시장의 가치를 규정한다.

[시장]: 동일한 목적, 동일한 시간대나 기분에서 선택될 가능성이 있는 상품의 집합체. 특정 행동으로 묶인 상품군의 총소비량/총판매량이 시장규모를 결정한다.

o 커피시장은 제품으로 보면 커피콩으로 만들어진 모든 음료라고 정의하지만, 커피행동으로 보면 '커피를 마시고 싶을 때 선택하는 모든 음

료'라는 정의가 된다. 소비자가 커피를 마시고 싶을 때 망고라테나 밀크티 등을 선택한다면 이 제품도 커피시장에 포함된다.

[경쟁]: 소비자가 특정 행동에 투입하는 자원(금액, 빈도 등)을 자사 제품과 나누는 관계에 있는 제품이나 그것을 판매하는 기업
○ 제품 발상으로 보면 동종업계의 타사는 모두 경쟁자가 되지만, 행동 발상으로 보면 그들은 때로 대체관계, 때로는 보완·공생관계가 된다.
○ 영화관 입장에서 보면 TV는 지금도 경쟁자이지만 영화사 입장에서 TV는 영화를 내보내는 스크린이며 영화를 구입해서 방송해 주는 고객이기도 하다.

한편 행동디자인에서 점유율은 행동점유율을 말합니다. 즉, 특정 행동에 어느 정도의 비율로 자원(시간이나 비용)을 배분하는지를 보는 것입니다. 이 점이 생산·출하 기반의 시장점유율과 크게 다른 부분입니다.

[행동점유율]: 행동량의 배분비율
○ 예를 들어 여름에는 따뜻한 음식을 먹는 행동에 비해 차가운 음식을 먹는 행동비율이 증가하고 겨울에는 그 반대의 행동비율이 증가한다.

이같이 행동을 양(귀중하고 유한한 시간, 비용, 체력의 투입량×참가인원 수)으로 보고, 그 행동량의 비율(행동점유율)로 마케팅 환경을 분석하는 접근법이 마케팅을 행동으로 생각하는 첫 번째 작업이 됩니다.

필자가 신입사원이었던 1980년대는 카세트테이프업계가 광고회사의 대형 고객이었습니다. 당시에는 그 누구도 CD의 보급을 예상하지 못했습니다.

컴퓨터의 국내 출하 수가 TV를 넘어섰던 2000년. 그때도 컴퓨터보다는 스마트폰이나 태블릿을 가지는 사람들이 많아질 것이라고 아무도 예상하지 못했습니다.

제품으로 분류하는 시장에는 '제품 수명 주기'라고 하는 한정된 기한이 있습니다. 그러나 '음악을 듣는' 행동은 아득한 옛날부터 있었고 앞으로도 없어지지 않을 것입니다.

즉, 음악 마케팅의 본질은 '고품질의 음악 재생기기를 만드는 것'이 아니라 '어떤 **음악행동**을 제안·제공할 것인가'에 있습니다. 음질 기술이 일정 수준까지 발전한 다음에는 보다 쾌적하고 기분 좋은 음악행동을 제안·제공하는 기업이 승자가 될 것입니다.

1979년에 등장한 워크맨은 전철 안이나 거리를 음악공간으로 바꾸었습니다. 이를 '휴대용 초소형 음악 재생기기를 만들었다'고 볼 것인지, 아니면 '새로운 음악행동을 디자인'한 것으로 볼 것인지에 따라 이후의 마케팅 전략도 제품전략도 달라질 것입니다.

❖ 진짜 경쟁상대는 누구인가?

행동으로 음악시장을 보면 온라인에서의 음악 유통 플랫폼, 컴퓨터나 스마트폰 등 디바이스 간 음악 데이터를 공유하는 장치, 러닝복과 음악의 연결 등과 같은 완전히 새로운 비즈니스 세계가 보입니다. 그렇게 되면 승자는 전자기기 업체만이 아닐지도 모릅니다.

반면 음악 재생기기라고 하는 제품에 빠지게 되면 카세트테이프를 대신할 기기를 개발하고 이를 더욱 소형화·경량화하는 경쟁을 하게 됩니다. 어느 쪽에 더 미래의 지속 가능성이 있을까요?

앞서 영화와 TV의 예에서 설명한 것처럼 제품이 아니라 **행동으로 시장을 보면 경쟁의 개념도 달라집니다.** 지금까지는 동일한 카테고리의 타사 제품을 경쟁으로 보았지만, 앞으로는 자사 시장을 대체하는 이웃 시장(이를테면 디지털 카메라 대신 스마트폰 카메라)의 제품이 진짜 경쟁자가 될 것입니다. 반대로 동일한 시장 내 타사 제품들이 해당 시장을 활성화하는 동지가 될 수도 있습니다.

이처럼 '동일한 카테고리 내 경쟁상대'라는 발상에서 벗어나 '진짜 경쟁상대가 누구인지'를 생각해 볼 필요가 있습니다. 그러면 의외의 새로운 동지를 발견하게 될지도 모릅니다. 그리고 거기에 새로운 마케팅 기회가 있을 것입니다.

4 앞으로는 소비자의 행동을 쟁탈하는 경쟁이 된다

한 사람의 소비자가 가지고 있는 자원(시간, 체력, 돈)은 유한합니다. 물론 소비자 자체도 유한한 자원입니다. 마케팅은 유한한 자원을 쟁탈하는 활동이므로 경쟁이 없어지는 일은 앞으로도 절대 없을 것입니다. 오히려 시장이 축소되어 가면서 더욱더 과열될 것이라고 생각합니다.

그러한 때에 기존의 경쟁 축(= 동일한 제품시장 안에서 점유율 경쟁)으로 경쟁을 생각하면 성장은 기대할 수 없을 것이라고 앞서 이야기했습니다. 앞으로의 경쟁은 소비자의 행동이 발생하는 시간이나 공간, 기분을 쟁탈하는 경쟁이 될 것이며, 그때 진짜 경쟁상대가 누구인지를 파악해야 합니다. 그렇게 해서 새로운 경쟁 축을 발견하고 마케팅을 그쪽으로 옮긴 기업만이 살아남게 될 것이라 생각합니다.

새로운 경쟁 축의 근원은 유한한 시간이나 공간 속에 있는 소비자의 행동입니다. 그러므로 행동을 이해하고 행동을 변용시키는 '행동디자인'이 필요한 것입니다.

❖ 커피시장을 행동으로 보다

여러분은 커피를 마십니까? 그러면 커피행동을 한번 볼까요?

편의점 커피의 등장은 캔커피 시장에 큰 타격을 주었다고 합니다. 커피 전문점의 테이크아웃 커피 시장에도 영향을 미치고 있습니다. 이는 결과적으로 캔커피를 구입하는 사람과 커피 전문점의 커피를 구입하는 사람이 분리되어 있는 것이 아니라 한 사람이 복수의 커피시장을 왕래하면서 커피를 구입하는 행동을 하고 있었다는 것을 보여줍니다.

이러한 상황에서는 캔커피, 커피 전문점 커피 등 각 시장마다 고객의 동향을 쫓기보다 한 사람의 하루 동안의 커피행동을 보는 것이 시장 전체를 조망할 수 있습니다. 그리고 그 안에서 자사 상품이 언제 선택되고 있는지 행동에 초점을 맞춰 분석하는 것이 효과적입니다.

커피행동에서 시점을 좀 더 넓혀보면 아무리 커피를 좋아하는 사람이라도 커피행동만을 하고 있지는 않을 것입니다. 동일한 시간대(예를 들면 아침)에 대체관계에 있는 커피 외의 음료(예를 들면 홍차나 미네랄워터)의 존재도 잊지 말아야 할 것입니다.

♣ 다층으로 중복되는 행동시장

이러한 커피행동을 개념도로 만들어보았습니다(그림 2-3). 행동으로 묶은 시장은 서로 중복되면서 인접하거나 또는 다층으로 겹쳐지거나 합니다. 왜냐하면 사용자가 중복되어 있기 때문입니다. 그러므로 개별제품 시장을 보는 것이 아니라 소비자 한 사람의 하루의 생활행동을 총체적으로 보는 것이 중요합니다.

그러면 커피, 홍차, 미네랄워터가 선택안으로 구성되어 있는 아침시간대를 어떤 시장으로 보면 좋을까요?

'조식시장'이라는 분류도 나쁘지는 않지만 소비자에게 시장은 행동의 가치를 의미합니다. 소비자가 그 시간을 어떻게 보내고 싶어 할까를 생각해 봅시다. 이를테면 '아침에 잠을 깨우는 시장'이라는 분류는 어떨까요?

그 시장에서는 '가장 기분 좋게 아침을 시작할 수 있는 음료를 제공'하는 것이 경쟁 축이 됩니다. 커피 이상으로 멋진 기상을 제공할 수 있으면 홍차에도 기회가 있습니다.

이렇듯 '소비자의 행동 안에서 시장을 어떻게 분류하면 새로운 가치(= 경쟁 축)를 발견할 수 있을까'를 생각하는 것이 행동디자인의 출발선입니다.

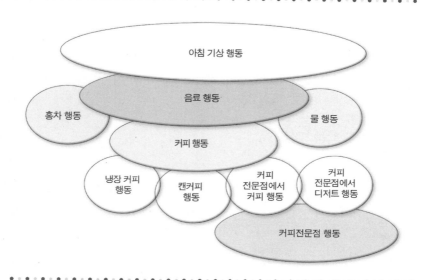

그림 2-3_ 다층으로 중복되는 행동시장

5 행동분류로 새로운 시장기회를 창출하다

'역내 상점'이라는 말을 들어본 적이 있습니까? '역 앞'이라고 하는 입지를 표현한 단어에서 파생한 조어인데, 이 '역내'라는 용어에는 입지뿐만 아니라 소비자의 이동시간·이동공간까지 수용하는 행동관점이 더 많이 포함되어 있습니다.

행동분류는 시장분류입니다. '역을 통과하는 소비자의 행동'이라는 분류를 통해 '역내 시장'이라고 하는 새로운 시장을 창출해 냈고, 그러자 거기에 존재해 있던 잠재수요가 드러나고 비즈니스가 활성화된 것입니다.

음식, 휴식공간, 특산품 등은 원래 역내에 있던 수요지만 '역내 시장'이라는 분류가 생겨남으로써 의류나 생활잡화 등의 소형 점포가 철도역 안에 들어서게 되었고, 이런 광경이 이제 생소하지 않을 정도로 정착되었습니다. 기차를 기다리는 시간이 쇼핑하는 시간으로 바뀐 것입니다.

❖ HMR도 행동 발상

HMRHome Meal Replacement(가정 간편식)도 행동 발상입니다. 여성의 사회활동이 증가하면서 밖에 있는 시간이 길어진 소비자의 행동을 포착한 시장입니다.

집에서 밥을 먹는 내식, 음식점에서 먹는 외식, 그 중간에 있는 수요는 테이크아웃 도시락이나 배달음식 등도 포함하여 전부 HMR 시장으로 묶을 수 있습니다. HMR은 편의점업계가 지금 가장 힘을 쏟는 분야입니다. 편의점 내에 취식공간을 마련해 두고 거기서 먹을 수 있도록 하는 매장도 증가하고 있습니다.

이러한 분류는 자연발생적으로 생겨난 것이 아닙니다. 제품이 아니라 행동으로 시장을 지켜보고 있던 기업이 제안하고 정착시킨 것입니다.

❖ 52주 MD도 행동 발상

제조업에 비해 소매업은 상대적으로 행동 발상이 더 용이합니다. 날마다 고객과 대면하기 때문입니다. 소매업 중에서도 특히 매일의 식생활과 밀접한 슈퍼마켓에서는 '52주 MDMerchandising'라는 매대를 제안하고 있습니다.

소비자의 행동을 디자인하는 마케팅

52주 MD란 1년을 52주로 나눠 매주 다른 주제에 따라 매대를 구성하는 '카테고리 횡단형' 판매방식입니다.

예를 들어 설 명절 주간. 평상시에는 각기 다른 매대에 있는 떡국 떡, 멸치육수, 간장 등을 한곳에 모아놓고 매대 전체를 명절 분위기로 연출합니다. 명절을 보내는 행동(명절행동)으로 묶은 상품들을 구성하여 설 명절 매대를 제안하는 것입니다.

52주 MD는 지금까지 설명한 '행동으로 시장을 분류'하는 발상입니다. 제조업은 생산라인의 효율이 생명선이므로 이 같은 유연한 방법을 실행하기 힘들지만, 그래도 최근에는 계절에 따라 풍미나 맛을 바꾸거나 패키지도 계절 한정으로 하는 등 변화의 기류가 조금씩 보이고 있습니다.

'수험생 응원'이라는 것도 52주 MD의 주제 중 하나입니다. 초콜릿과자를 합격기원 선물로 내세운 마케팅도 원래는 여기서 시작되었습니다. 지금은 많은 합격기원 제품들이 그 시기에 매대에 진열되고 있습니다. 수험생 응원이라는 행동이 새로운 시장을 창출한 것입니다.

문제는 이러한 분류로는 시장규모를 추정하기 어렵다는 것입니다. 수험생 숫자는 통계가 있지만 수험생 응원행동의 행동량은 미지수입니다. 그렇게 되면 효과적인 마케팅 계획을 세울 수 없습니다.

6 고객 한 사람 한 사람의 행동량을 파악하면 마케팅의 정고함이 비약적으로 높아진다

여기서는 고객 한 사람 한 사람의 행동량 파악을 통해 보다 정교한 마케팅을 실현하고 있는 다이렉트 마케팅업계의 사례를 보도록 합시다. 이를 통해 지금까지 이야기해 온 행동량의 개념이 더욱 명확해질 것이라고 생각합니다.

이 장의 서두에서 행동량은 한 사람이 투입하는 자원(금액이나 빈도) × 참가인원 수라고 말했습니다. 그러면 자사 비즈니스를 행동량으로 보려면 어떻게 해야 할까요?

자사상품을 구입해 주는 고객의 수에 고객 한 사람당 누적 구입금액을 곱하면 됩니다. 이 행동량이 자사의 비즈니스 기반이 됩니다.

> 비즈니스의 기반 = 고객 수 × 한 사람당 누적구입금액

"다 알고 있는 당연한 이야기"라고 말할지도 모르지만, 사실 고객 수나 고객의 누적금액을 파악하고 있는 기업은 범용제품을 판매하는 기업 중에서는 거의 없습니다. 범용제품의 고객 수는 경우에 따라 수천만 명 규모이므로 개인에게 직접 판매하지 않는 한 그것을 정확하게 측정할 방법이 없습니다.

방법이 없다는 것은 그것을 측정할 필요성도 느끼지 않았다는 말입니다. 제조업체는 출하량과 시장점유율, 소매업체는 1일 판매량을 측정기준으로 여겨왔기 때문입니다.

> **제품 발상에서의 매출 〈제조업〉**
> 매출 = 출하량 × 제품 단위
> 점유율 = 자사매출 / 시장규모

> 제품 발상에서의 매출 〈소매업〉
> 1일 매출 = 계산대 통과 고객 수 × 금액

즉, 고객 수나 고객 한 사람의 행동량을 몰라도 큰 문제는 없었던 것입니다.

✤ 다이렉트 마케팅업계는 원래 행동 발상이었다

예외 기업은 통신판매 등의 다이렉트 마케팅 기업이나 회원제 서비스 업체입니다. 이들 업체는 이름·주소·생년월일 등으로 고객을 특정할 수 있습니다.

백화점의 개인회원도 마찬가지입니다. 각 회원의 구입카테고리, 구입금액, 구입빈도 등의 실적데이터를 보면 한 사람의 행동량이 명확해집니다. 말 그대로 한 고객의 행동이 눈에 보이는 것입니다.

개인고객 단위로 행동량을 파악할 수 있는 기반정보가 있기 때문에 마케팅 시책도 상당히 정교하게 세분화된 고객별로 운영하게 됩니다.

예를 들면 가장 수익 공헌도가 높은 고객에게는 보다 고가의 상품을 구입하도록 하는 시책, 빈도는 높으나 금액이 높지 않은 고객에 대해서는 관련 상품을 함께 구입하도록 하는 시책, 신규 고객 수를 늘려 전체 행동량을 확대하는 시책 등.

이처럼 행동으로 고객을 세분화하고 우선순위를 매겨 마케팅을 투입하는 것은 다이렉트 마케팅업계에서는 일반적입니다.

즉, 다이렉트 마케팅은 처음부터 행동 발상이었습니다. 이는 통신판매회

2장 • 마케팅은 소비자의 행동을 쟁탈하는 경쟁이다

사 또는 제조사라도 직판루트를 가지고 있는 기업의 강점이라고 할 수 있습니다.

7 충성고객은 행동실적으로 구분한다

다이렉트 마케팅업계에서는 고객 분류도 '행동량'을 기준으로 합니다. 여러분도 자주 '브랜드 충성도'라든가 '충성고객'이라는 용어를 사용하리라 생각합니다. 그때 어떻게 충성도를 규정합니까?

흔히 '오래된 단골고객', '열렬한 팬' 등을 충성고객으로 규정합니다. 그런데 이는 잘못된 것입니다. 왜냐하면 충성도를 거래기간이나 호감도로만 보기 때문입니다.

다이렉트 마케팅 업계에서는 구입금액과 구입빈도로 충성고객을 규정합니다. 예를 들어 전체 고객 중에서 최근 일정기간 내(이를테면 1년 이내 또는 6개월 이내)의 구입금액이 상위(이를테면 1% 이내)에 들어가는 고객입니다.

그 고객이 아무리 오래되었다고 해도, 아무리 자사 브랜드의 열렬한 팬으로 가끔 친필 편지까지 보내온다고 해도 최근의 구입금액이 상위에 들지 않으면 일반고객이며 VIP 우대를 하지 않는다는 운영을 철저히 지키는 회사도 있습니다.

조금 냉정하게 들릴지도 모르지만 이는 매우 합리적인 발상입니다. 왜냐하면 매출이 아니라 이익으로 보면 구입금액이 상위인 충성고객으로부터 기업이익의 대부분(흔히 상위 20%에서 이익의 80%를 얻는다는 논리)을 벌어들이는 경우가 많기 때문입니다. 이익공헌도에 따라 우대하는 것이 경영에서

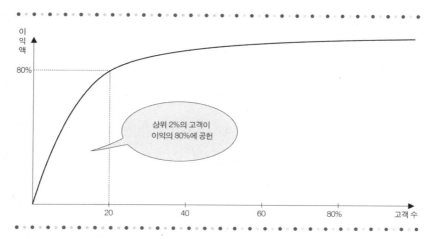

그림 2-4_ 이익구성비(파레트 그래프)

는 합리적인 사고인 것입니다.

여러분도 잘 생각해 보면 '매우 좋아한다'고 하면서 실제로는 그다지 출입하지 않는 점포나 구입하지 않는 브랜드가 있을 것입니다. 호감도는 높은데 이익공헌도가 낮은 팬고객이라고 할 수 있습니다.

호의와 행동은 다른 것입니다. 행동이 따르지 않는 호의는 무의미합니다. 따라서 행동을 기준으로 하지 않으면 안 된다는 다이렉트 마케팅업계의 정책은 좋은 교본이 됩니다.

❖ 고객의 행동데이터를 통해 행동량을 파악하는 기업들

일부이기는 하나 일반기업에서도 데이터를 통해 충성고객을 관리하고자 하는 움직임이 있습니다. 자사 사이트에 팬클럽 같은 회원조직을 조성하고 각 회원의 행동이력 데이터를 수집하여 마케팅에 활용하는 '데이터 마케팅'의 도입입니다. 이런 실행이 진전되면 고객을 행동량으로 파악할 수 있는 기회는 더욱 확대되어 갈 것입니다.

신용카드나 통합 포인트카드 등의 카드회사는 회원의 행동데이터를 가공하여 마케팅에 활용하는 대표적인 기업입니다. 현재는 쿠폰 등 한정적인 활용에 머물고 있지만 보다 적극적으로 행동량을 토대로 한 마케팅을 지향하게 되면 더욱 다양하게 활용할 수 있을 것입니다.

마일리지 형태로 자사 포인트를 발행하는 항공회사도 자사 회원에게 여행상품이나 관련 서비스를 직접 판매하는 다이렉트 마케팅을 적극적으로 전개하고 있습니다. 회원의 비행 이력(행동량)과 속성 데이터를 철저히 관리·분석하는 것이 가능해졌기 때문입니다.

행동량을 기반으로 하는 마케팅은 행동디자인이 지향하는 최종목표 중 하나입니다. 모든 비즈니스의 기반은 고객 한 사람 한 사람의 행동(구매·사용)에 의해 형성되기 때문입니다.

매출을 늘리기 위해서는 자사 상품에 비용이나 시간을 지불하는 비율(= 행동점유율)을 증가시키거나 사용자 수를 늘리는 것, 이 두 가지 방법밖에 없습니다.

연습문제1

모금에 협력하는 사람을 더 늘리기 위해서는?

 안녕하십니까? 이번에 신입사원 연수로 행동관에 들어오게 되었습니다. 아무쪼록 즐거운 시간이 되도록 잘 부탁드리겠습니다.

 즐거운 시간이라니! 여기는 연수가 힘들기로 유명한 마케팅 도장이야! 도중에 우는 소리 하는 신입들이 많은데 자넨 괜찮겠나?

 체력에는 자신 있습니다.

 필요한 것은 체력보다 과제의 본질을 집요하게 꿰뚫고자 하는 정신력이다. 마음 단단히 먹고 임하도록. 자, 그럼 시작해 볼까? 첫 번째 과제는 '모금'이다. 어떻게 하면 더 많은 모금을 할 수 있을지를 생각한다. 그런데 자네는 모금에 참여하는 쪽인가?

 실은 좀 불편하다고 할까, 저항감이 있어서 모금을 요청받으면 약간 당황스럽습니다. 거짓이 아닐까, 이 모금은 정말 누군가를 위해 어떻게 사용되고 있을까 등 여러 가지 생각이 들어서요.

 그런 사람이 적지 않지. 그래서 모금이 잘 되지 않아 곤란하다. 우리나라는 전 세계에서, 아니 아시아에서도 기부율이 낮은 나라로 알려져 있다. 하지만 모금이 힘든 것은 우리뿐만 아니라 세계적으로도 공통된 과제야. 해외광고에 '모금 캠페인'이 자주 등장하는 것도 그 때문이지.

저도 본 적이 있습니다. 멸종 위기에 놓인 동물들의 충격적인 사진을 포스터에 담아 자연보호단체에 기부를 호소하는 것이었습니다.

 충격적인 비주얼이 지금 우리가 알지 못하는 곳에서 일어나고 있는 문제를 인식시키는 것에는 효과가 있었던 게로군. 그러면 자네는 그 모금운동에 참여했나?

 아니요, 모금까지는 하지 않았습니다.

 문제는 그거야. 왜 안 했나?

 애초에 자연보호라는 것이 그다지 나와 관계가 있다고 생각하지 않습니다. 더 가까운 주제였다면 달랐을지도 모릅니다만. 실제 몇 년 전 대지진이 발생했을 때는 자발적으로 모금에 참여했고 그다음부터는 어딘가에서 큰 지진이 났다고 하면 모금운동에 관심을 갖게 되었습니다.

 나와 관련 있다고 여기는 것은 매우 중요하지. 그런데 그것만으로 충분할까? 자네처럼 그다지 모금에 참여하지 않는 타입의 사람을 움직이게 하는 것이 가능할까?

 모금현장에서 즉시, 쉽게 돈을 넣을 수 있는 장치가 있으면 좋겠네요. 포스터 앞에 모금함을 둔다든가….

 그렇지. 그건 행동디자인적으로 매우 중요한 포인트다. 메시지나 비주얼 임팩트에 공을 들이기보다 우선 그 자리에서 간단하게 참여할 수 있는 장치를 고민해야 한다.

그러네요. 공항에 있는 모금함에 남은 외국 동전을 자주 넣습니다. 가지고 돌아가도 쓸 데가 없거든요. 그 모금이 무슨 모금이었는지는 기억에 없지만요.

그래, 사실 모금의 취지도 정확히 이해하면 좋겠지만 목적이 모금 획득에 있는 것이라면 취지의 이해보다 우선은 행동하게 하는 것이다.

그러면 '무심코 돈을 넣게 하는' 모금함 같은 것을 발명하면 좋겠네요.

그렇지. 모금에 대한 저항감을 불식시키고 깊게 생각하지 않고 돈을 넣는 행동을 유발하는 장치가 중요하다. 그러고 보니 공항에 게임기를 설치해 놓고 모금 목적의 동전을 넣으면 한 게임을 즐길 수 있도록 하는 해외 사례가 있었군.

'바른 모금'보다 '재미있는 모금'이군요.

음. 핵심을 잘 짚고 있군. '재미있는 모금'이라는 의미에서 보면 2014년에 일본 유니세프협회가 실시한 'TAP 프로젝트 2014, 모두의 모금함' 사례가 있지. 깨끗한 물을 마시지 못하는 마다가스카르의 초등학교나 지자체에 우물을 파주기 위한 모금활동인데, 어느 상업시설 안에 설치한 거대한 모금함에 돈을 넣는 구멍을 많이 만들어놓고 그 구멍 하나하나에 '마사토', '나쓰미' 등 약 1000명의 이름을 붙여놓았다. 실제로 많은 어린이들이 열심히 자기 이름을 찾아 거기에 돈을 넣는 모습을 볼 수 있었지.

그래도 재미있다는 것만으로는 안 되지 않나요?

 그렇지. 중요한 것은 목표 모금액을 달성할 수 있는 장치인가 하는 것이다. 행동량으로 보면 이 경우는 어떻게 될까?

 음···. 모금에 참여한 사람의 수와 한 사람당 모금액의 곱하기가 행동량이 되겠군요.

 정확해. 그러면 어느 쪽을 증가시키는 것이 더 쉽다고 생각하나?

 개인이 지불하는 액수는 그렇게 크지 않기 때문에 역시 사람 수 아닌가요? 공항 같은 곳은 많은 사람이 왕래하기 때문에 모금에 적합하겠네요.

 확실히 공항 사례가 많긴 하다. 유럽의 어느 공항에 스탠드형 디지털 사이니지가 설치되어 있는데 화면 중간에 있는 구멍에 자신의 신용카드를 사용할 수 있도록 해놨지. 한번 카드를 긁으면 그 기기를 설치한 자선단체에 2유로가 가는 장치다. 재미있는 것은 카드를 긁는 행동이 사이니지에 나타나는 영상과 연동하는데, 이를테면 카드를 긁을 때 카드가 나이프로 변해 양손이 묶인 사람의 밧줄을 끊는 장면이 된다든지 빵을 자르는 것처럼 보이게 했지.

그림 2-5_ 여러 이름이 적혀 있는 '모두의 모금함'

소비자의 행동을 디자인하는 마케팅

모금 획득과 동시에 인권보호나 빈곤지역의 아이들에게 식량을 나누자는 모금 취지도 직감적으로 이해할 수 있게 되어 있네요.

확실히 모금 획득과 취지의 이해가 동시에 이루어진다는 점에서는 잘 된 모금활동이라고 할 수 있다. 그러나 행동량의 관점에서는 다른 견해가 있지 않을까?

아, 한번에 2유로라는 정액으로 되어 있는 부분이군요.

잘 알아차렸군. 남은 외국 동전을 넣도록 하는 형태의 모금은 한 사람의 금액이 일정하지 않고 동전만 넣는 사람이 많기 때문에 얼마가 모일지 금액을 예상하지 못하지. 참여자 수도 모르고 금액도 모르면 목표설정이 어려워져. 따라서 참여자 수에는 상한이 있다고 생각하고 1인당 모금단가를 고정하는 것이 실제 모금액의 예상수치를 세우기가 쉽지. 자, 그러면 1인당 단가를 크게 올리는 방법은 어떤 것이 있을까?

지폐 전용 모금함은 어떨까요?

좋은 아이디어지만 잘 하지 않으면 참여의 문턱이 높아져 오히려 반발을 살 가능성이 있어 주의해야 한다. 깊이 생각하지 않고 무심코 참여해 볼까라는 생각이 들도록 위트 있는 행동디자인이 필요하지.

지폐만 들어가고 동전은 넣을 수 없는 위트 있는 모금함이라고요? 음. 어렵네요. 지폐는 크기가 크기 때문에 오히려 모금함 구멍에 동전이 더 쉽게 들어갈 수 있겠네요.

그게 이 문제를 해결하는 포인트야. 실은 정말 지폐만 들어가는 모금함이 이미 해외에 있다. 모금을 넣는 입구가 가장 작은 동전의 직경보다 훨씬 작은 둥근 구멍으로 되어 있지. 자, 어떻게 지폐를 넣을 수 있을까?

 음…. 글쎄요. 아! 지폐를 둥글게 말면 되겠군요!

 그렇지! 사람들은 동전보다 작은 구멍에 어떻게 지폐를 넣을지를 궁리하게 되지. 마치 퀴즈문제를 풀듯이 말야. 그리고 마침내 답을 찾았을 때의 그 쾌감은 퀴즈를 풀었을 때 얻는 쾌감과 동일하기 때문에 지폐를 넣는 행동이 당사자에게는 손실이 아니라 큰 만족이 되는 것이지.

자, 그럼 다음 수업에는 그러한 심리를 반영한 행동디자인 아이디어를 갖고 오도록. 참고로 다음 과제는 '어떻게 하면 스포츠센터의 회원을 늘릴 것인가'이다. 열심히 고민해 보길 바란다.

3장
사람을 행동하게 하는
'행동디자인'

사전평가가 좋았는데, 예상했던 만큼 사람들은 구입해 주지 않았다.

이런 경험, 있지 않습니까?

왜 의식과 행동 사이에 간극이 있는 것일까요?

그 원인을 알면 해결방법도 보일 것입니다.

행동을 억제하고 있는 마음속의 '리스크와 비용'에 대해 알아봅시다.

사람은 당신이 생각하는 것만큼 움직여주지 않는다

'국내뿐만 아니라 해외의 소비 트렌드도 철저히 연구했다. 상품테스트를 반복하고, 사전평가에서 거의 모든 응답자가 '판매하면 구입하고 싶다'고 하는 수준까지 왔다. 네이밍도 패키지 디자인도 평가가 좋았다. 그런데 막상 매대에 진열해 놓고 보니 웬일인지 생각만큼 팔리지 않는다. 재구매율도 처음에는 그럭저럭이었지만, 결국엔 실패하고 말았다.'

연간 1000여 개의 신제품이 등장한다고 하는 소비재시장에서는 이런 안타까운 결과로 끝나는 '기대의 신제품'이 적지 않습니다. 그러면 왜 소비자는 생각대로 움직여주지 않았던 것일까요?

답은 간단합니다. '생각대로'라는 단어 때문입니다. 기대수준과 실제 사람이 움직인 수준에 큰 간극이 있다는 것이 가장 큰 문제입니다.

물론 '이 정도 팔리면 좋겠다'는 목표설정은 매우 중요합니다. 다만 그 목표가 소비자의 실제 행동량(참가인원 수 × 금액, 빈도 등)과 크게 괴리되면 더 큰 문제를 야기하게 됩니다.

왜냐하면 제품에 그 나름의 가능성이 있고 또 전혀 팔리지 않는 것도 아닌데 설정한 목표를 달성하지 못했다는 이유로 콘셉트를 변경하거나 제품 자체가 실패했다고 봉인해 버리는 경우가 자주 있기 때문입니다.

❖ 행동량을 의식한 목표설정

'몇 만 개 / 몇 만 박스 판매', '점유율 몇 포인트 상승' 등의 목표수치를 소비자의 '행동량 = 몇 명의 고객이 일정기간 동안 몇 번 구입하고 어느 정도 돈을 썼는가'로 전환해 보는 것은 어떨까요? 그렇게 하면 목표수치가 어느 정도 현실적인지 분명해질 것입니다.

지난번 어느 소비재 기업의 신제품 담당자가 했던 말이 인상적입니다.

"이 제품을 매일 구입해 주리라고는 생각하지 않습니다. 한 주 동안의 로테이션 안에 들어가면 성공입니다."

이는 행동량을 의식한 목표설정입니다.

대부분의 소비자는 매일 동일한 제품만을 사용하지 않습니다. 1주일, 1개월 단위의 생활리듬 안에서 자신만의 로테이션이 있습니다. 이를 기점으로 생각하면 어떻게 하면 그 로테이션 안에 들어갈 수 있을까(반대로 말하면 현재의 로테이션 상품 중 어느 상품을 로테이션 밖으로 내보낼까) 하는 현실적인 플래닝이 가능해집니다.

그러나 많은 기업은 '가능한 한 많은 사람에게 이 제품의 장점을 알리고 가능하면 매일 사용하도록 해달라'고 우리에게 요청합니다. 그러한 바람은 그것대로 의미가 있지만 중요한 것은 '소비자는 우리가 생각하는 것만큼 움직여주지 않는다'는 냉정한 현실을 받아들여야 한다는 것입니다.

2 왜 '~하는 김에'라는 부탁을 쉽게 하고 쉽게 받아주게 될까?

'소비자는 우리가 생각하는 것만큼 움직여주지 않는다.'

이것이야말로 우리 연구소가 행동디자인을 표방하는 가장 큰 이유입니다. 원래 사람은 잘 움직이지 않습니다. 다시 말해 지금 하고 있는 행동을 바꾸지 않습니다.

이는 인지심리학에서도 증명된 사실입니다. 왜냐하면 지금 하는 행동을 중지하고 새로운 행동을 시작하는 것에는 지금의 행동을 그대로 지속하는 것보다 훨씬 더 많은 에너지 비용을 필요로 하기 때문입니다.

겨울 아침 이불 속에서 나오는 것이 싫어 저만치 있는 물건을 도구를 이용해 끌어당기기도 하고, 의자에서 일어서는 것이 귀찮아 의자에 앉은 채 실내를 이동하기도 하고…. 사람의 행동을 관찰해 보면 얼마나 지금의 행동을 바꾸고 싶어 하지 않는 존재인지 그 실태가 보입니다.

여러분은 누군가에게 부탁할 때 '~하는 김에'라는 말을 자주 쓰지 않습니까? 또는 반대로 '~하는 김에'라며 부탁을 받으면 쉽게 그것을 수용하지 않나요?

'~하는 김에'라는 부탁이 효과가 있는 이유는 제로에서 새로운 행동을 기동하는 것보다 기존 행동의 도중에 끼어드는 것이 더 쉽기(에너지 소비량이 낮기) 때문입니다.

❖ 행동에 이르는 비율은 생각보다 낮다

새로운 행동을 하게 하는 것도 어렵지만, 이미 하고 있는 행동을 중지·감속시키는 것도 어렵습니다. 중지라는 것도 일종의 행동변화이기 때문입니다.

거리에서 전단지를 배포해 본 사람이라면 알겠지만 얇은 전단지 한 장도 행인에게 받도록 하는 일이 쉽지 않습니다. 특히 목적지를 향해 빠른 걸음으로 걷는 사람은 거의 대부분 받아주지 않습니다. 일정한 속도로 걷는 사람은 불필요한 요소로 인해 자신의 속도를 조금이라도 감속하고 싶어 하지 않는 일종의 관성의 법칙을 따르고 있기 때문입니다. 전단지를 받아주는 확률이 1% 정도 되면 꽤 괜찮은 편입니다.

다이렉트 마케팅도 비슷합니다. 예를 들어 전단지 광고를 했을 때 전화가 걸려올 반응률은 1%, 아니 더 적을 수도 있습니다. 역산해 보면 목표 반응수를 획득하기 위해 어느 정도 많은 전단지를 뿌려야 하는지를 알 수 있습니다.

어느 배달음식업체의 대표는 "배포한 전단지는 대부분 버려지기 때문에 일정 규모 이상을 배포하지 않으면 주문이 들어오지 않는다"고 말합니다.

마케팅 계획을 세울 때는 '행동에 이르는 비율이 압도적으로 낮다'는 사실을 인식하는 것이 먼저입니다.

3 AIDMA 모델의 함정

그러면 왜 '마케팅을 투입하면 사람들이 행동해 줄 것이다'라고 생각하게 되었을까요?

우리 연구소의 가설은 AIDMA 모델의 영향 때문이라는 것입니다.

AIDMA 모델은 1920년대 미국에서 제창된 소비자의 구매행동과정에 관한 모델입니다.

100년 전의 모델이 아직도 마케팅의 기본 이론으로 남아 있다는 사실이 놀랍지만, 그 나름의 설득력이 있다는 의미일 것입니다. 여러분도 단계별로 구성되어 있는 AIDMA 모델의 흐름을 잘 알고 있으리라 생각합니다.

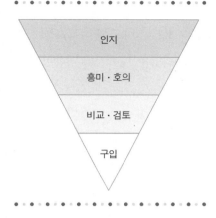

그림 3-1_ AIDMA 모델

그림 3-2_ 구매의사결정 과정

　마케팅 침투도를 관리하는 모델 중에 '구매의사 결정 과정'이 있는데, 이 흐름도 AIDMA처럼 단계별로 층을 형성하고 있습니다(그림 3-1, 그림 3-2). 이 두 모델의 문제는 단계별 비율입니다.

　사람은 반복해서 보면 흥미나 호의를 가지게 된다고 합니다(심리학에서 단순접촉효과라고 합니다). 인지와 호의는 서로 상관관계가 작용하기 때문에 가장 위층(인지)과 그다음 층(흥미·호의)은 문제가 되지 않습니다.

　실제로 많은 캠페인 조사결과들을 살펴보면 인지율을 일정 정도 획득하면 호감도가 5~7% 정도 상승하는 결과를 볼 수 있었습니다.

　문제는 그다음의 행동 단계입니다.

✤ 구입의향률과 실제 구입률에는 괴리가 있다

　행동 단계에는 '구입의향'이라고 하는 의식 면과 '실제구입'이라고 하는

3장 • 사람을 행동하게 하는 '행동디자인'

실적 면의 두 가지 지표가 있습니다. 중요한 것은 실적(구입자 수, 재구입자 수 등)이지만, 실제 판매해 보기까지 그것은 모르기 때문에 아무래도 사전의 구입의향으로 판단하게 됩니다. 그러나 의향은 어디까지나 의향이지 정말 구입할 것이라는 약속은 아닙니다.

필자의 경험에 비추었을 때 신제품의 사전 테스트에서 구입의향을 보면 '꼭 구입하고 싶다'가 20~30%, '꼭 구입하고 싶다'와 '구입하고 싶다'의 합계가 50~80%로, '구입하고 싶다'는 응답이 많습니다. 기업이 그 나름대로 자신 있는 제품을 내놓고 평가받는 것이기 때문에 이는 어쩌면 당연한 결과일지도 모릅니다.

이처럼 구입의향 수치가 상당히 높기 때문에 실제 구입도 높을 것이라 기대하는 것입니다(예를 들어 인지도 90%, 구입의향이 60%라면 실제 구입률이 30%는 될 것이라는 착각). 이는 AIDMA 모델(또는 이 모델에 영향을 받은 구매의사 결정 과정)이 단계형으로 되어 있기 때문에 발생하는 오해입니다.

인지도나 구입의향 대비 실제 구입률은 어쩌면 전단지의 반응률과 마찬가지로 매우 미미한 수치일지도 모릅니다. 그렇게 되면 단계형 그래프에서 행동(구입)의 크기가 너무 작아 표시할 수 없게 됩니다. 그래서 실제 구입은 구입의향의 절반 정도 되지 않을까 하는 근거 없는 기대를 가지게 되고 마케팅을 투입하면 행동해 줄 것이라고 생각하게 되었던 것입니다.

사내 연수 등에서 구매의사 결정 과정의 단계별 비율을 예측해 보도록 하면, 모든 직원들이 단계별로 적당히 줄어드는 비율의 숫자를 넣습니다. AIDMA 모델의 영향 때문이라는 것은 말할 필요도 없을 것 같습니다.

소비자의 행동을 디자인하는 마케팅

4 행동을 만들어내는 행동디자인

AIDMA 모델은 '의식이 행동에 선행한다'(= 행동은 의식에 종속한다)는 논리에 바탕을 두고 있습니다. 의식이 인지에서 흥미·호의, 욕구로, 단계적으로 변화해 가면 최종적으로는 행동이 발생한다고 하는 단계론적 모델입니다.

틀린 말은 아닌 것처럼 보입니다. 그런데 과연 그럴까요? 정말 의식이 어느 단계에 달하면 자동적으로 행동이 일어날까요?

사실 AIDMA 이론 가운데 '자동적으로'라는 것은 어디에도 명시되어 있지 않습니다. 그러나 AIDMA 모델의 단계적 흐름을 보고 있으면 '앞 단계의 수치가 높으면 다음 단계의 수치도 높아진다'는 생각을 하게 됩니다. 의식과 행동에 인과관계가 있다고 인식하기 때문입니다.

이는 마케팅 과정에 관한 억측, 일종의 인지편견이라고 할 수 있습니다.

인지편견은 인지심리학이나 행동경제학에서 자주 지적하는 사항이기도 합니다. 또한 인지편견은 인간의 특성 중 하나이기도 합니다. 따라서 자력으로 그것을 보정하는 것은 매우 어렵습니다.

✤ 의식과 행동은 다르다

2장의 충성고객 부분에서 다루었지만 의식과 실제 행동 사이에는 생각 이상의 큰 간극이 있습니다.

우리 연구소가 도쿄대학 첨단과학기술연구센터와 공동으로 실시한 조사

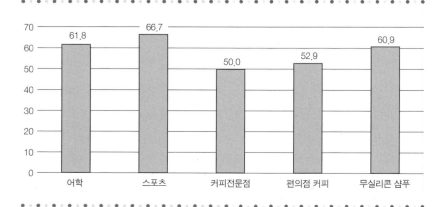

그림 3-3_ 행동 중지자의 해당 대상에 대한 호감도

(2014년)에서도 '좋아한다'는 것과 '행동한다'는 것 사이에 상관관계가 그다지 있지 않다는 결과를 얻었습니다. 특정 대상에 대한 행동을 중지한 사람들 중 60% 정도가 그 대상을 '지금도 좋아한다'고 응답했습니다(그림 3-3).

의식과 행동에는 강한 인과관계(이를테면 좋아서 구매 / 구매했기 때문에 좋다)가 있다고 생각하기 쉬우나, 오히려 의식과 행동은 다른 것이라고 여기는 것이 타당할 것입니다.

의식과 행동의 간극을 인식하고 '생각하는 것만큼 사람은 움직여주지 않는다'는 전제 아래, 의식의 변화보다 우선 행동의 변화를 직접적으로 만들어내는 것, 이것이 행동디자인의 기본적인 정책입니다.

COOLBIZ

그림 3-4_ 쿨비즈 로고

5 행동이 의식에 선행하는 경우도 있다

우리가 자주 인용하는 행동디자인의 대표사례는 '쿨비즈COOLBIZ 캠페인'입니다. 이 캠페인은 궁극적으로는 지구온난화 예방을 위한 활동으로, 환경청이 2005년부터 시작한 '팀 마이너스 6%'라고 하는 온실가스 배출 감소를 위한 국민운동의 일환으로 제안한 것입니다.

의식(온실가스 배출 감소)이 행동(에어컨 온도를 28도 이상으로 설정)으로 이어지지 않을 때 어떻게 하면 좋을까요? 쿨비즈 캠페인은 타깃을 직장인으로 정하고 그들의 환경에 대한 인식을 개선시키는 것보다 우선 직접적인 행동(넥타이를 하지 않는 것)을 하도록 유도했습니다. 이 행동이 차츰 사무실 내의 에어컨 온도설정 행동으로 이어져 결과적으로 기업 전체에 환경의식을 각성시키고 침투시킬 수 있었습니다. 지금은 '여름에 넥타이를 하지 않는' 행동이 습관으로 정착되었습니다.

이는 행동이 의식에 선행한 행동디자인의 좋은 사례입니다.

온실가스 배출 감소를 머리로는 좋은 일이라고 생각하지만 행동으로 옮기기는 어렵다. 하지만 여름에 넥타이를 하지 않는 것은 쉽고 쾌적한 일이다.

그래서 많은 직장인이 '나의 일'로 받아들이고 행동으로 옮긴 것입니다.

AIDMA 모델에서 설명했듯이 일반적으로는 의식이 행동을 만들어낸다고 봅니다. 그러나 쿨비즈 캠페인은 행동이 의식에 선행할 수도 있다는 사실을 알려줍니다. 슬프기 때문에 우는 것이 아니라 울기 때문에 슬프다고 느낀다는 심리학의 연구결과도 있습니다.

❖ 행동이 바뀌면 의식이 바뀔 수 있다

동양사상은 육체와 정신은 불가분不可分의 관계이며, 오히려 육체의 제어가 정신에 영향을 미칠 수 있다고 보고 있습니다. 단전호흡이나 요가도 그러한 인식을 바탕으로 하고 있습니다.

다실茶室의 출입구가 낮게 되어 있는 것은 머리를 숙임으로써 예禮의 마음을 일깨우게 하는 장치입니다. 웃으면 즐거워지고 박수를 치면 재미있게 느껴지듯, 모두가 일제히 넥타이를 하지 않게 되면 환경의식이 발현됩니다.

우리 연구소가 행동디자인을 통해 지향하는 것은 이같이 '행동이 본래 가지고 있는, 사람의 의식에 영향을 미치는 힘'을 잘 이용하여 의식과 행동을 일체화시키는 것입니다. 그것이 '좋은 광고로 의식을 먼저 바꾸고 그다음에 판촉으로 행동을 바꾼다'고 하는 기존의 단계론적 접근법보다 훨씬 효율이 좋습니다. 행동이 발생하는 비율도 높아지지 않을까요?

6　왜 계몽 캠페인은 실천되지 않는 것일까?

세상에는 행동전환을 목적으로 하는 계몽 캠페인이 많습니다. 예를 들어 절전, 안전운전 등과 같은 것입니다. 휴지를 버리지 말자, 걸으면서 스마트폰 보지 말자 등의 스톱형 캠페인도 있습니다.

투표하자, 암 검진을 받자 등의 포스터도 자주 보지만 젊은 층을 중심으로 투표율도 암 검진율도 좀처럼 상승하지 않는 것이 현실입니다.

이러한 계몽 캠페인은 대부분 정부나 지자체, 또는 철도 등의 공기업이나 NGO 단체가 진행합니다. 내용은 사회적 과제의 크기에 비해 사람들의 의식이 낮고 간극이 큰 것이 선정됩니다. 메시지도 수긍이 가는 것들입니다.

그러나 계몽 캠페인이 정말 기능하고 있는지는 의문입니다. 왜냐하면 거리에서 여러 계몽 포스터를 보고 수긍을 해도 '지금 당장 실천해야지'라는 생각은 들지 않기 때문입니다. 쿨비즈 캠페인이 오히려 드문 경우였는지도 모릅니다.

♣ 올바른 것만으로 사람은 움직이지 않는다

왜 올바른 것을 말하는데 행동하지 않는 것일까요?

행정 주도의 계몽 캠페인은 어조가 매우 딱딱하고 표현에 임팩트가 없기 때문이라는 의견도 있습니다. 확실히 일반광고에 비해 '올바른 것을 올바르게 전달한다. 이상!'이라는 식으로 말하는 느낌이 드는 것도 사실입니다. 그래서인지 최근에는 배우나 캐릭터, 눈길을 끄는 일러스트를 사용하는 경우가 많아졌습니다.

그러나 문제의 본질은 표현의 강약이 아닙니다.

앞서 쿨비즈 사례에서 직장인들이 그 캠페인을 '나의 일'로 받아들이고 행동했다고 말했습니다.

매일 많은 정보가 쏟아져 나오지만 그 대부분은 자기와 관계없는 '남의 일'입니다. 우리는 그것을 순간적으로 판단하고 지나쳐 버립니다. 사실 계몽 캠페인은 대부분 나와 관계있는 내용이지만, 그것을 남의 일로 받아들이기 때문에 자발적으로 행동하지 않는 것입니다.

자신에게 절실한 문제라는 절박감을 느끼지 않는 한 사람은 좀처럼 행동에 나서지 않습니다. 그런 의미에서 보면 '나의 일'로 받아들이게 하는 것이 사람을 움직이게 하는 데 매우 중요한 명제가 될지도 모릅니다. 그런데 나의 일로 만들기만 하면 정말 움직일까요?

7. 나의 일로 만들고 난 다음을 생각해야 한다

우리 연구소가 행동디자인이라고 하는 키워드에 도달하기 전에는 오랫동안 '나의 일로 만드는 것의 중요성'에 대해 피력해 왔습니다. 사람들을 일깨우고 행동하게 하는 힘이 있다고 생각했기 때문입니다.

그러나 문제는 그다음입니다. '정말 나의 일로 만들면 행동하게 되는가?' 하는 의문이 차츰 생겨나기 시작했습니다. 또한 아무리 나의 일로 만드는 것이 중요하다고 해도 어떻게 나의 일로 만드는지 그 방법이 보이지 않는 것도 큰 과제였습니다.

나의 일로 만드는 것은 주로 인식의 문제입니다. '관심이 있다', '좋아한 다', '팬이다' 등의 호의는 단순히 '알고 있다'고 하는 인지에 비하면 훨씬 '나의 일'에 가깝다고 할 수 있습니다.

그러나 거듭 말하지만 호의와 행동은 반드시 연관성이 있다고 할 수 없습니다. 인식상에서 나의 일로 만드는 것만으로는 부족합니다.

❖ 나의 일로 만드는 것은 결과론

내가 다니던 초등학교에서는 중학교 입학시험을 준비하는 학생이 거의 없었기 때문에 중입시험 대비 같은 것은 먼 나라의 남의 일 이야기였습니다. 그런 초등생에게 아무리 수험생처럼 공부하라고 강요해도 진지하게 받아들이지 않습니다.

그러던 어느 날 친한 친구가 중입시험을 준비하고 있다는 말을 듣고 입학시험을 거치는 명문중학교에 진학하는 것이 나의 선택안 중 하나가 되었습니다. 시험공부에도 약간 흥미가 생겼지만 그렇다고 진짜 시험을 준비하지는 않았습니다. 그것은 또 다른 이야기라고 생각했던 것입니다.

'나의 일로 생각하지 않으면 자발적으로 행동하는 사람은 없다'는 말은 맞는 말일지도 모르지만, 그렇다고 해서 나의 일이라는 생각이 들기만 하면 반드시 행동한다고도 할 수 없습니다.

그 주제가 자신에게도 관련 있다고 여기는지는 매우 중요한 분기점입니다. 만약 남의 일로 여기게 되면 그것으로 끝이기 때문입니다. 그러한 의미에서 배너광고나 전단지를 포함한 모든 광고는 본질적으로 나의 일로 받아들이게 하는 것을 목표로 한다고 봐도 좋을 것입니다. 그렇게 해도 대부분의 사람은 행동하지 않는다는 것에 심각한 문제가 있습니다.

그런데 한번 행동하면 그 대상은 결과로서 자연히 나의 일이 됩니다.

마라톤을 시작하는 데는 용기가 필요합니다. 하지만 일단 대회에 출전해 본 사람은 다음 대회를 향해 자발적으로 연습하게 됩니다. 즉 '나의 일로 만드는 것'은 결과로서 그렇게 된 상태를 가리키는 개념이지 사람을 움직이게 하는 방법론은 아니라고 생각하는 것이 좋습니다.

나의 일로 만드는 것은 어디까지나 의식의 변화를 유도하는 것입니다. 행동을 변화시키기 위해서는 또 다른 방법이 필요합니다.

행동원리의 기본은 에너지 비용

계몽 캠페인 이야기로 다시 돌아가 봅시다. 왜 이렇게 지면을 할애하여 계몽 캠페인 이야기를 하는가 하면, 계몽 캠페인은 매우 난이도가 높은 주제이기 때문입니다.

일반 소비재 제품은 대체로 매력적입니다. 갖고 싶다는 생각이 들지 않는 제품을 판매하는 기업은 없습니다.

그에 비해 계몽 캠페인은 대부분 굳이 말하자면 '하고 싶지 않은' 행동입니다. 생각해 보면 당연합니다. 아무도 자발적으로 움직이지 않기 때문에 예산을 들여 캠페인을 하는 것이니까요.

그러므로 난이도가 높은 계몽 캠페인에서 효과적인 행동디자인을 만들 수 있으면 소비재 마케팅의 힌트가 되겠다는 생각에서 우리 연구소도 몇 가지 계몽 캠페인에 관여하고 있습니다.

그러면 왜 계몽 캠페인은 좀처럼 성과가 나지 않는 것일까요?

그 이유를 생각하기 위해서는 우선 사람들이 왜 행동하지 않는가를 알 필요가 있습니다.

사실 거기에는 삼중의 문제가 혼재되어 있습니다.

> ➲ 문제 1_ 나에게 말하고 있다고 생각하지 않는다는 문제
> ➲ 문제 2_ 해야 하는 행동으로 보이지만 하고 싶은 행동으로는 보이지 않는다는 문제
> ➲ 문제 3_ 하고 싶다고 생각해도 쉽게 행동에 나서지 못한다는 문제

❖ 문제의 본질은 에너지 비용

문제 1은 커뮤니케이션의 개선(나의 일이라고 인식되도록 하는 메시지 등)으로 어떻게든 해결 가능할 것 같습니다. 특히 전 국민을 대상으로 하는 캠페인일수록 결과적으로 아무도 자신이 해당자라고 생각하지 않는, 즉 나의 일이라고 인식되지 않는 커뮤니케이션이 많습니다. 이를 개선하면 보다 더 나의 일로 받아들이기 쉬워질 것입니다.

문제 2는 원래 하고 싶지 않은 행동이므로 장치가 필요합니다. 암 검진이 중요하다는 것은 알고 있지만 검사과정이 번거롭다는 문제와 뭔가 좋지 않은 결과가 나오면 어쩌나 하는 막연한 걱정과 불안 때문에 지나쳐 버립니다. 여기가 바로 행동디자인이 나서야 할 곳입니다. 다만 '당신을 위해서'라는 식의 일방적 전달로는 아무리 거물급 배우나 강력한 캐릭터를 사용해도 무리입니다. 이에 대해서는 몇 가지 방법이 있기 때문에 이 책 후반에서 상

세히 소개하겠습니다.

그리고 마지막 난관. 문제 3의 하고 싶다고 생각해도 쉽게 행동에 나서지 못한다고 하는 장벽입니다. 이는 에너지 비용과 관계있습니다.

우리 인간은 유한한 에너지를 소중하게 절약하면서 어려운 자연환경을 헤치고 몇만 년이나 살아온 존재입니다. 따라서 에너지 비용에 대해서는 매우 민감합니다. 불필요한 일, 하지 않아도 되는 일은 하지 않는다는 것이 원래 인간의 본성입니다.

한편 생존을 위협하는 리스크도 항상 존재했습니다. 적에게 공격을 받으면 전력으로 도망하는 일, 위험에 빠지는 일은 매우 많은 에너지 비용을 필요로 하는 리스크입니다. 집단에서 이탈하는 것도 리스크입니다. 집단에서 벗어나 식량을 찾는 것은 엄청난 비용이 들기 때문입니다.

즉, 리스크는 전부 비용이 됩니다. 그러므로 비용을 절약하기 위해서는 리스크를 줄이는 수밖에 없습니다.

9 사람은 가격만으로 움직이지 않는다

유비무환有備無患이라는 격언이 있습니다.

사실 격언이라는 것은 사람이 그것을 하고 싶어 하지 않기 때문에 존재하는 것입니다. 즉, 사전준비에 드는 비용이 싫어서 준비하지 않는 쪽을 택하는 것이 인간의 일반적인 행동 특성입니다. 그래서 준비하지 않으면 결과적으로 발생하는 비용이 더 크다고 하는 교훈으로 사람을 깨우치고 비축 행동을 촉진하기 위해 이 격언이 필요했습니다.

소비자의 행동을 디자인하는 마케팅

집단에서 이탈하는 것은 리스크이며 동시에 비용이므로 주위에 동조하는 것은 비용절감이 됩니다. '모두가 함께 건너면 무섭지 않다'는 의미입니다. 마찬가지로 주위에서 반대할 것 같은 행동을 혼자서만 하기 어려운 것도 동일한 이유입니다.

아무도 질문하지 않을 때 손을 드는 사람은 매우 용기 있거나 리스크 감도가 매우 낮은 사람입니다. 아무리 하고 싶은 행동이라도 비용을 필요로 하면 그것이 행동을 막는 장벽이 됩니다.

마케팅에서 가격은 행동하게 하는 결정적인 요인이라고 생각하는 사람이 많을 것입니다. 실제 수지계산을 도외시하고 대폭 가격인하나 무료를 단행하면 반응을 얻을 수 있습니다. 그래서 다른 방법을 포기하고 가격전략으로 내달리는 기업이 적지 않습니다. 그러나 한번 내린 가격을 다시 올리는 것에는 엄청난 노력이 필요합니다.

가격은 알기 쉬운 비용입니다(단, 비용에는 금전적 비용만 있는 것이 아닙니다. 이에 대해서는 다음 장에서 보겠습니다). 그러므로 행동에 크게 영향을 미칩니다.

한편 가격인하나 무료 캠페인이라도 생각만큼 또는 이전만큼 사람들이 반응해 주지 않는다는 말을 자주 듣습니다. 30% 할인도 늘 그러면 그것이 통상금액이라고 느끼게 되는 익숙함이 있기 때문입니다.

❖ 리스크나 금전적 비용 외의 비용이 행동에 영향을 미치는 경우가 있다

행동하지 않는 이유가 가격 때문만은 아닙니다. 원래 하고 싶지 않은 행동은 무료라고 해도 하고 싶지 않은 법입니다. 또는 그 행동에 본인이 강하게 느끼는 어떤 리스크나 다른 비용(시간이 걸린다든지 수고가 든다)이 있다면 할인은 별다른 의미를 주지 못합니다.

그런데 어느 순간에는 가격을 보지 않고 구입하거나 자신의 가격수준 이상으로 비싼 것을 구입해 버리는 행동도 합니다. 예를 들어 백화점에서 매장 직원에게 고가를 구입하는 자신의 모습을 보여주기 위해 오히려 비싼 쪽을 선택하는 행동을 합니다.

어느 소믈리에로부터 들은 이야기인데 레스토랑에서 팔고자 하는 와인이 있다면 그 와인 위에 더 비싼 와인을 기재하는 것이 좋다고 합니다. 사람들은 보통 가장 저렴한 와인을 선택하고 싶어 하나 동행인 앞에서 그것을 주문하기 어려우므로 가장 비싼 와인보다 조금 아래 가격대의 와인을 오히려 쉽게 선택할 수 있다고 합니다.

즉, 가격에 관한 평가라고 하는 것은 매우 감각적인 '인상평가'입니다. 그것은 정확한 금액으로 환산할 수 없는 리스크나 다른 비용이 가격의 평가를 간섭하기 때문입니다.

사람의 행동은 금전적 비용을 포함한 다른 여타 비용과의 조정 가운데 움직이거나 멈추거나 흔들립니다. 따라서 사람을 행동하게 하기 위해서는 그 사람이 느끼고 있는 비용감(또는 리스크감)이 어떤 것인지를 살펴보고 그 위에 감각을 다시 디자인할 필요가 있습니다.

자세한 것은 다음 장에서 보도록 합시다.

소비자의 행동을 디자인하는 마케팅

마케팅 도장·행동관 입문_ 2일째
스포츠센터 회원을 늘리기 위해서는?

 사범님 안녕하십니까? 일전에 내주신 과제를 제출하러 왔습니다.

 이번에는 스포츠센터가 과제였지? 마케터도 몸이 자산이야. 특히 우리는 지금 사람의 움직임에 관해서 살펴보고 있기 때문에 딱 맞는 과제였다고 본다. 그런데 자네는 보기에 살이 좀 있는 것 같은데 뭔가 운동은 하고 있나?

 학생 때까지는 테니스를 했는데, 요즘에는 아무것도 하지 않습니다. 해야 한다고 생각은 하는데 바빠서….

 모두 그렇게 말하지. 스포츠센터 업계는 요 몇 년간 회원 수가 증가하지 않고 있다. 평일에 다니는 시니어 회원이 증가하고 있지만 단가가 낮은 낮 시간 회원이 대부분이기 때문에 객단가가 올라가지 않는 게지. 특히 젊은 사람들이 오질 않아 곤란하다더군.

 예. 그래서 제가 생각한 설계안은 이렇습니다.
우선 타깃을 20~30대 여성과 40~50대 남성으로 나눴습니다. 20~30대 여성은 미용·건강에 대한 의식이 높고 40~50대 남성은 성인병 예비군이므로 몸에 신경 쓰는 시기라고 생각합니다. 20~30대 여성은 트렌드성이 중요하므로 좀 더 센스 있는 프로그램을 제공하고, 40~50대 남성에게는 건강검진 전용코스 프로그램을 제공하는 겁니다. 그리고 20~30대 여성을 위한 여성 할인 플랜과 40~50대 남성을 위한 건강검진 할인 플랜도 생각해 보았습니다.

어떻습니까?

 우선 누구를 타깃으로 할지를 정하고 그 타깃의 특성을 파악하는 것은 좋다고 생각한다. 다만 젊은 여성을 대상으로 트렌드성 프로그램을 제공하는 것은 어느 스포츠센터에서나 이미 하고 있는 것이지. 그럼에도 새롭게 입회한 20대 여성은 대부분이 1년 이내에 탈퇴해 버린다고 한다. 가입행동도 중요하지만 지속행동도 과제인 거지. 지속하지 못하는 건 무엇 때문이라고 생각하나?

 음…. 최근에는 여성도 야근이 많아서 귀가가 늦기 때문에 평일에 스포츠센터에 다니기 어려운 게 아닐까요? 그렇다면 밤늦게까지 영업을 하면 좀 더 자주 다닐 수 있지 않을까요?

 확실히 정시에 퇴근해서 자신의 시간을 만끽하는 생활은 아직 좀 먼 이야기이긴 하지. 밤늦게라도 갈 수 있다는 것은 중요한 포인트다. 도심에서는 24시간 운영하는 시설도 많으니까. 그러면 자네는 스포츠센터가 평일 밤 늦게까지 영업을 하면 다닐 텐가?

 아니오. 저는 평일은 정말 늦게까지 야근을 하든지 조금 일찍 끝난 날은 대체로 동료와 술 마시러 가기 때문에, 가령 늦게까지 운영한다고 해도 다닐 수 없어요. 주말은 여러 가지로 바쁘기도 하고.

소비자의 행동을 디자인하는 마케팅

바로 그 부분이야. 자신이 하지 않는 행동을 다른 사람이 할 것이라고 생각하면 안 된다. 자신이 하지 않는 일은 다른 사람도 하지 않을 가능성이 있다고 우선 생각해야 해. 자네가 제안한 할인 플랜도 마찬가지야. 자네는 할인 플랜이 없기 때문에 가입하지 않았던 건가?

 아니오. 그렇지 않습니다. 가격은 별로 신경 쓰지 않습니다.

 그럼 술 마시러 갈 때는 어떤가?

 반드시 인터넷으로 쿠폰을 찾아 다운로드받아서 가죠. 할인 플랜이 있는 술집을 선택하는 경우가 많다고 해야겠네요.

 그 차이는 무얼까?

 아! 하고 싶은 행동에는 가격이 의사결정에 영향을 미치지만, 아무리 가격을 내려도 하고 싶지 않은 행동이 하고 싶은 행동으로 바뀌지는 않는다는 것이군요.

 잘 알아챘군. 그렇지. 가격이 영향을 미치는 것은 최종적인 선택국면의 의사결정이지 가격이 모든 행동을 유발할 정도의 힘은 없다. 그런데 '수요를 늘리기 위해서는 가격을 내리면 된다'고 하는 경제학 교과서대로 가격인하를 상시적으로 실시한 기업이 수익성 악화로 힘들어하는 모습을 자주 보게 되지. 자, 그러면 스포츠센터의 장벽이 입회비나 회비가 아니라고 한다면 무엇이 문제일까? 비용 외 리스크에 대해 생각해 보았는가?

아, 리스크 얘기군요. 회비를 지불하고 한 번도 가지 않은 달이 있다면 그것 역시 본인에게는 리스크가 아닐까요?

 만약 가입 전에 그렇게 될지도 모른다고 예상하면 어떻게 할까?

 가는 날보다 가지 않는 날이 많을 거라고 예상한다면 가입은 큰 리스크인데요.

 그럼에도 가입했는데 예상대로 가입 한 달 만에 탈퇴했을 때 자기 자신을 어떻게 느끼게 될까? 또 지속하질 못했군. 뭐든 작심 3일로 끝나버리는 자신에 대해 실망하는 모습이 그려지지 않나?

 그렇군요. 젊은 사람이 스포츠센터에 느끼는 것은 자기부정에 따른 리스크군요.

 중장년 남성도 그렇다. 거울에 비치는 배 나온 자신의 몸을 근육질의 트레이너나 젊은 사람 앞에서 내보이는 건 정신적 비용, 즉 리스크라고 할 수 있지. 최근에는 벽에 거울을 설치하지 않거나 개인 운동실을 둔 곳도 있다고 하는데 아마 그러한 이유라고 생각한다.

 그러면 1년간 자신의 상황에 맞는 때에 다닐 수 있는 회수권이라든가 한 달 만에 그만두면 입회비 전액 환불이라든가, 탈퇴하고 1년 뒤에 재가입하면 특전을 주는 시책이 효과가 있을 것 같군요.

 호오. 맥을 잡은 것 같군. 그렇지. '지속적으로 할 수 있는 스포츠센터'라고 하는 브랜딩이 유효하다고 생각한다. 그런데 40~50대 남성을 타깃으로 설정한 것에는 문제가 있다고 생각하지 않나? 마라톤 같은 운동을 정말 좋아하는 사람은 인구의 약 10% 정도지. 나머지는 월 1회 정도의 골프나 사우나로 충분히 만족하고 있을 가능성이 있다. 그리고 건강검진과 세트로 하는 것은 매우 유효하다고 생각하지만, 행동디자인적으로는 반칙이야. 강제성을 띠면 당연히 사람은 행동하지. 강제로 할 수 없을 때 자발적으로 움직이게 하는 기술을 연마해야 한다. 만약 40~50대 남성을 꼭 타깃으로 하겠다고 하면 스포츠센터를 그들이 좋아하는 것과 하고 싶은 것을 할 수 있는 장소로 바꾸지 않으면 절대 흥미를 보이지 않을 것이라고 생각한다.

그렇군요. 그러면 예를 들어 골프를 잘할 수 있는 근육 만들기 수업이라든가 낚시를 좋아하는 사람들을 위해 사이클 머신 모니터에 낚시 프로그램을 내보낸다든지 교실 안에서나 근처에서 맥주 마시면서 친목회를 하는 것도 좋겠네요.

그거 좋군. 직장인은 다른 업종 사람들과 명함을 교환하는 것을 좋아하고, 또 여성에 비해 남성은 스포츠센터의 회원끼리라도 좀처럼 대화의 계기가 없어 고립되기 쉬우니 그런 프로그램은 좋을 것 같군. 만약 젊은 여성 트레이너가 참가해 준다면 동기부여는 꽤 올라갈지도 모르지.

사범님 세대에는 역시 그런 게 통했군요! 너무 알기 쉬운데요!

흠…. 이번에는 좀 쉬웠나? 다음에는 마음 단단히 먹고 임하도록. 그러면 내일 또 보세.

4장
리스크와 비용이
행동의 열쇠를 쥐고 있다

우리가 다루고자 하는 것은 살아 있는 인간의 행동입니다.
새로운 행동을 만들어내는 것은 어려운 일이지만,
많은 사람을 행동하게 한 사례도 있습니다.
행동하는 것과 행동하지 않는 것의 차이는
무엇이 만들어낼까요?
사람의 리스크 의식 등을 바탕으로 하는 심리학적 접근법을 통해
이 주제에 대해 고찰해 보도록 하겠습니다.

즉시 행동하는 사람의 비율은 10~20%

겨울 알프스산 등반에 도전하는 사람들이 있습니다. 마라톤 완주를 목표로 달리는 80세 어르신도 있습니다. 누구에게 부탁받은 것도 아니고 스스로 하고 싶어 하는 행동입니다. 이런 모습을 보면 많은 제약을 이겨내고, 아니 오히려 제약이 있으면 있을수록 사람은 행동하고 싶어 하는 존재처럼 보입니다.

반면 겨울에 이불 속에서 나오고 싶어 하지 않는 것처럼 '되도록 불필요한 에너지를 사용하지 않는다', '움직이지 않는다(지금 하고 있는 행동을 바꾸고 싶지 않다)'는 것도 역시 인간의 모습입니다. 어느 쪽이 더 진실에 가까울까요?

인간에는 촉진적인 측면과 억제적인 측면의 양면성이 있습니다. 그만두면 되는데 위험한 겨울 산에 도전하는 것. 이는 촉진적인 측면입니다. 괜찮다고 해도 신중해지는 것이 억제적인 측면입니다.

이 양면성은 한 사람 안에 동시에 존재하고 조직이나 지역 등 집단 안에서도 볼 수 있습니다.

❖ 80%는 움직이지 않고 상황을 지켜본다

그러면 그 비율은 어느 정도일까요? 에버렛 로저스Everett M. Rogers가 제안한 '혁신확산곡선'이라는 모델이 하나의 기준이 될 것입니다. 워낙 유명해서 이에 대해 아는 사람이 많으리라 생각합니다.

101

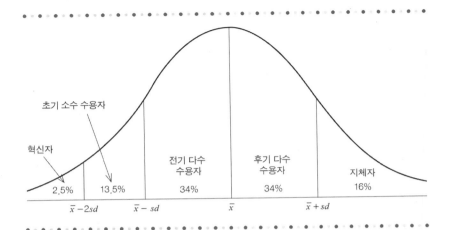

초기 소수 수용자

혁신자

전기 다수
수용자

후기 다수
수용자

지체자

2.5%   13.5%   34%   34%   16%

$\bar{x}-2sd$ $\bar{x}-sd$ $\bar{x}$ $\bar{x}+sd$

그림 4-1_ 혁신확산곡선

이 모델에 따르면 어느 집단 안에서 새로운 것을 즉시 수용하는 이노베이터(혁신자)는 겨우 2.5%, 그것을 보고 따라하는 얼리 어답터(초기 수용자)는 13.5%입니다. 즉, 촉진적인 사람의 비율은 20% 정도이고, 나머지 80%는 즉시 움직이지 않고 신중히 상황을 지켜보는 억제적 사람이라는 것입니다. 모집단의 문화적 특성이나 대상이 무엇인가에 따라 비율은 바뀌겠지만, 필자의 경험에 비춰 봐도 **적극적으로 행동하는 사람은 10~20% 정도로** 보면 대체로 맞습니다.

예를 들어 평일 퇴근 후 스포츠를 한다는 사람의 비율은 10% 정도, 달리기를 한다는 사람의 비율도 10% 정도입니다. 감각적으로는 운동하는 사람이 더 많을 것처럼 여겨지지만 실제 조사에서 하고 있다고 응답하는 비율은 이 정도입니다. 운동은 여러 행동 중에서도 에너지 소비량이 큰 행동입니다.

소비자의 행동을 디자인하는 마케팅

그런데 반대로 한번 생각해 볼까요? 만약 촉진적인 사람의 비율이 80%라면 어떨까요? 모두가 모험여행을 떠나 돌아오지 않을지도 모릅니다. 그 집단은 존속할 수 없겠지요. 모두가 힘든 운동을 하게 되면 에너지 소비가 너무 많아 식품이나 연료가 고갈되어 버릴 수도 있습니다.

인간은 인류가 탄생한 때부터 최근까지 대부분의 시기를 식량이나 연료가 풍족하지 않은 채로 살아왔습니다. 그 속에서 살아남은 대부분은 억제적인 사람이고 그들이 지금까지 생존하며 존속하는 것입니다. 과거의 인류사에서도 촉진적인 사람의 비율이 10~20% 정도였고, 그 정도의 비율이 인류 생존에 적합하다는 것을 보여주는 수치가 아닐까 하는 생각이 듭니다.

2 리스크 감도의 차이를 인식하자

인간을 포함한 모든 생물의 가장 큰 주제는 무엇일까요?

바로 '생존'입니다.

개체로서, 집단으로서, 그리고 종으로서 영속하기 위한 생존전략이 생물의 신체적 특징이나 행동을 규정하고 있습니다. 생존하고 번식하기 위해서는 에너지가 필요합니다. 유한한 에너지를 보다 효율적으로 사용할 수 있는 신체나 행동 특성을 가진 종이 생존전략의 성공자로서 오늘날까지 살아남은 것입니다.

행동하지 않으면 식량이나 연료를 얻을 수 없지만, 행동에는 리스크가 동반됩니다. 위험을 인식했을 때 이 정도는 Go, 이 정도는 Stop이라고 판단할 수 있는 '리스크 감도'가 행동의 중요한 열쇠가 됩니다. 즉시 새로운 것을 수용하는 혁신수용자층은 이 리스크 감도가 낮은 사람들이라고 할 수 있습니다.

반대로 아무리 부추겨도 좀처럼 움직이지 않는 사람들은 리스크 감도가 매우 높은 사람들입니다. 이러한 사람들은 다른 많은 사람들이 하는 것을 보고 뒤늦게 시작하려고 합니다. 스마트폰이나 SNS 등이 보급되어 간 과정은 바로 이러했습니다.

행동디자인을 고려할 때 타깃이 어느 정도의 리스크 감도를 가지고 있는지, 무엇에 리스크를 느끼는지를 이해하는 것은 매우 중요합니다. 그것을 안다면 어떻게 리스크 감도를 완화할 것인지, 어떻게 리스크를 순간 잊게 할 수 있을지에 대한 방법이 보일 것입니다.

✤ '반품 가능'은 리스크를 완화한다

미국에 '1년간 반품 가능'을 내세워 성장한 구두 통신판매회사가 있습니다. 반품 가능이라고 하는 것은 리스크 감도를 완화하고 우선은 행동에 한 발 내딛도록 하는 유효한 방법입니다.

'효과가 없으면 환불해 드립니다'고 하는 다이어트 프로그램도 있습니다. 환불을 신청하는 데는 다양한 비용(정신적, 물리적)이 들기 때문에 실제 환불 요청은 10% 이하라는 이야기를 들은 적이 있습니다. 앞서 봤듯이 여기서도 행동하는 사람은 10% 정도입니다. 그러므로 이러한 반품 마케팅이 가능한 것입니다.

처음 행동에 나설 때는 리스크 감도가 매우 높지만 두 번째는 그 감도가 뚝 떨어집니다. '익숙함'이라는 매우 중요한 요소가 작용하기 때문입니다. 그래서 '처음엔 무료', '샘플증정' 등 '처음'에 대한 리스크를 완화하는 데 집중하게 됩니다.

익숙하고 친숙한 사람이 광고에 나오면 사람들은 안심하기 때문에 리스크를 완화하는 데 효과적입니다. 인지도가 낮은 기업이나 브랜드가 스포츠 선수나 예능인 등 TV에서 자주 보는 사람을 광고모델로 기용하는 사례가 많은 것은 인지도나 호감도 향상뿐만 아니라 들어본 적이 없는 기업이나 브랜드에 대한 리스크의 완화로 이어지기 때문입니다.

 다섯 가지 비용

앞 장에서 비용에는 금전적인 것만 있는 것이 아니라고 말했습니다. 라쿠텐樂天 대학의 나카야마 신야仲山進也 학장에 따르면 비용에는 다섯 가지가 있습니다.

> ↻ 금전적 비용
> ↻ 육체적 비용
> ↻ 시간적 비용
> ↻ 두뇌적 비용
> ↻ 정신적 비용

인간이 화폐경제를 시작한 것은 겨우 수천 년 전이었다고 합니다. 인류의 긴 역사 속에서 비용은 금전 이외의 것이었다는 의미입니다. 현대에서는 화폐를 사용하지 않는 생활이나 사회는 없기 때문에 우리는 무엇이든 금전적 비용으로 환산하여 생각합니다. 그러나 무료, 할인 등의 가격만으로 사람들이 행동해 주는 시대가 아니므로 지금이야말로 금전적 비용 외의 비용에 대해 다시 한 번 생각할 기회라고 생각합니다.

현대사회는 예전처럼 육체를 사용하지 않아도 되는 사회입니다. 전기제품이나 자동차 발명이 육체적 비용을 크게 감소시켜 주었습니다. 그것들은 시간 단축에도 도움이 됩니다. 편의점이나 자판기, 온라인 판매 덕분에 원하는 것은 어디서나 쉽게 구할 수 있습니다. 즉, 시간적 비용도 이전보다 훨씬 낮아졌습니다.

육체적 비용과 시간적 비용을 제품이나 서비스가 담당해 주고 있는 것입니다. 그러나 잘 보면 아직 육체적 비용이나 시간적 비용이 발생하는 장면이 많이 있습니다. 가구를 조립해서 설치하는 일이나 은행, 병원 등에서의 대기시간입니다. 거기에 신규 비즈니스의 기회가 있을 것 같습니다.

❖ 두뇌적 비용이 증가하는 현대사회

비용에 대한 감도는 본인의 소득이나 나이에 따라 당연히 바뀝니다. 고령자는 전구교환에도 육체적·시간적 비용이 듭니다. 그래서 동네마다 전파사가 있나 봅니다. 앞으로의 마케팅에서는 고령자의 금전적·육체적·시간적 비용감을 어떻게 이해하고 어떻게 다룰 것인가가 중요한 주제가 될 것입니다.

20세기 후반부터 디지털기술을 축으로 급속하게 혁신이 진행되고 그 결과 이전만큼 돈이나 수고, 시간 등을 들이지 않고 지낼 수 있는 사회가 되었

소비자의 행동을 디자인하는 마케팅

습니다. 온라인에서 가장 저렴한 상품을 선택하여 집에 배달되도록 하는 구매행동이 일반화되었습니다. 더구나 온라인 판매는 오프라인 판매에서 발생하는 재고나 금전적 비용을 극적으로 감소시켰습니다.

반면 디지털기술의 진전으로 새롭게 탄생한 비용이 있습니다. 바로 '정보비용'입니다. 정보비용은 정보를 탐색·수집하거나 그것을 분석·평가, 기억하는 데 발생하는 수신자의 비용입니다. 정보를 효율적으로 처리하는 것이 두뇌의 역할이므로 정보비용은 두뇌적 비용의 대표가 됩니다.

이 정보비용이 지금 크게 상승하고 있습니다. 돈, 수고, 시간의 비용이 낮아졌기에 오히려 두뇌적 비용이 더 눈에 띄는지도 모르겠습니다.

한편 정신적 비용은 '다른 사람을 배려한다', '혼자서 고민한다'는 등 마음에 관한 비용입니다. 이것도 두뇌적 비용과 마찬가지로 몸을 사용하는 장면이 줄어든 현대사회에서 드러난 비용이라고 할 수 있습니다.

4 OK율이 정신적 비용을 완화한다

걱정이나 불안도 정신적 비용입니다. 최근 젊은 사람들의 자동차 이탈은 자동차업계에 심각한 과제를 안겨주었는데, 여기에는 불안이 큰 요인이라고 합니다.

자동차는 인류의 육체적·시간적 비용을 격감시킨 위대한 발명품입니다. 유지비를 포함해 그 나름대로 금전적인 비용은 들지만 예전처럼 사치품은 아닙니다. 공공교통수단이 적은 지방에서는 1인 1자동차가 일반적입니다. 도시에서의 자동차는 '있으면 재미있는' 존재입니다. 그런데 이 점이 도시

젊은이들에게는 좀 미묘한가 봅니다.

사고가 날까 봐 걱정이다, 정체가 싫다 등의 불안감, 즉 정신적 비용이 자동차로 얻을 수 있는 즐거움보다 높으면 자동차를 구입하지 않게 됩니다. 자기 책임 사회를 살아가야 한다는 말을 들으면서 자란 지금의 젊은 세대는 리스크 회피 지향이 강합니다. 자동차가 없다고 해서 데이트를 못 하는 시대도 아닙니다.

사람에게 어떻게 보일지, 분위기 파악 못 하는 사람으로 여겨지지 않을지, 따돌림 당하지 않을까 하는 불안도 이 세대의 강한 특징입니다. 항상 SNS에 접속되어 있는 상황은 어떻게 보면 감시사회 속에 있는 것과도 같습니다. 그 속에서는 표면적으로는 배려를 하지만 다른 사람과의 관계에 불만이나 불편함을 느끼는 경우가 많아집니다. 이러한 정신적 비용을 낮춰주지 않는 한 행동에 나서기는 쉽지 않습니다.

✤ OK율을 높이면 행동이 환기된다

우리 연구소가 사용하는 키워드 중에 'OK율'이라는 것이 있습니다. 이는 무언가를 제안했을 때 상대가 동의해 주는지에 대한 지표입니다.

'제안해 보고 거절당하면 다른 제안을 하면 된다'는 생각은 구시대적 발상입니다. 지금의 젊은 세대는 '이런 제안을 했을 때 거절당하면 어떡하지?'에 대한 리스크에 과도하게 민감합니다. 그러므로 OK율이 낮을 것 같은 제안은 처음부터 하지 않겠다고 생각하게 됩니다.

OK율이 주요지표가 되는 장면은 친구와 함께 가는 레저나 여행의 선택입니다. 자신이 아무리 여기 가고 싶다고 생각해도 상대방이 싫은 내색을

소비자의 행동을 디자인하는 마케팅

보일 것 같으면 이야기를 꺼내지도 않습니다. 이는 음식점, 테마파크, 레저 시설, 여행 등의 마케팅에서 매우 중요한 요소입니다. 정말 사람을 움직이게 하고 싶다면 타깃이 가고 싶어지도록 하는 시책만으로는 안 되고 OK율을 올리는 아이디어가 동시에 필요합니다.

OK율은 경우에 따라서는 인지율보다 효과적입니다. 처음 듣는 장소라도 친구가 '나도 가보고 싶다'고 반응하는 스토리를 설계한다면 효과를 발휘할 것입니다. '지금 ○○들 사이에서 입소문이 나고 있어요'라는 문구도 효과적입니다. 사람들에게 인지·이해도가 낮은 대상이라도 '○○들에게 화제가 되고 있다면 좋을지도 모르겠네'라며 OK율이 올라가기 때문입니다.

5 두뇌적 비용을 내리는 간편법

지금 우리 주변에 흐르는 정보의 양이 비약적으로 증가하고 있습니다. 디지털기술의 진보로 용량이 큰 사진이나 동영상을 단시간에 보낼 수 있게 되었기 때문입니다. 그에 따라 정보의 형식이 문자에서 사진, 동영상으로 이동하고 있다는 것은 다들 잘 알고 있을 것입니다. 총무성의 보고서에 의하면 인터넷 정보량은 2001년 대비 2009년도에 71배가 되었습니다(총무성, 「정보유통인덱스」, 2011).

정보량이 증가하면 할수록 자신에게 필요한 정보를 검색·수집하고 그것을 분석·판단하는 데 들이는 시간과 노력, 즉 에너지 비용이 상승합니다.

온라인상의 많은 정보는 무료이므로 필요 이상으로 탐색을 많이 하게 됩니다. 그러나 사람이 처리 가능한 정보량에는 한계가 있습니다. 무엇이 맞는

지, 어느 점포가 좋은지 정보가 너무 많아 오히려 고민하게 된 경험은 누구에게나 있을 것입니다. 이것도 일종의 정신적 비용입니다.

이처럼 얻고 싶은 정보의 비용이 너무 증가하면 어떻게 될까요? 당연히 비용을 낮추는 방향으로 향합니다. 그래서 **간편법**이 유효하게 활용됩니다.

'간편법'은 로버트 치알디니Robert Cialdini라는 미국의 심리학자가 이름붙인 인간의 '정보처리(판단) 습관'입니다. 사람은 피곤할 때나 집중하고 있지 않을 때, 서두르고 있을 때에는 상황을 정확하게 분석하여 판단하려고 하지 않고 '경험에 비추어'라는 식의 단서만으로 간편하게 판단을 내리는 경향이 있다는 것입니다.

❖ 간편법이 유효한 시대

'길게 줄 서 있는 음식점은 대체로 맛있겠지'(사회적 증명), '대학교수가 보증하니까 이 건강법은 좋겠지'(권위) 등과 같은 것이 대표적인 '간편법'입니다.

'희소성이 있는 물건은 대체로 고가'라고 하는 판단도 동일합니다. 그다지 뇌를 사용하고 싶지 않을 때나 사용하지 않아도 될 때는 행렬, 대학교수, 희소성 등의 단서가 무의식적으로 참조되고 있습니다.

그다지 관심이 없는 대상에 대해서도 간편법이 동원됩니다. 반대로 자신에게 위험이 닥쳐올 것이라고 느낄 때 사람은 뇌를 풀가동해서 상황을 정확하게 분석하고 불리한 판단을 하지 않도록 최선을 다합니다. 이것도 무의식에서 일어나는 뇌의 작용입니다.

간편법이 반드시 나쁜 것은 아닙니다. 하나하나 정보를 음미하면 시간이 걸리고 오히려 기회를 상실할지도 모릅니다. 무엇을 선택해야 할지 망설이거나 별로 중요하지 않은 판단에 에너지를 소비하고 싶어 하지 않는 소비자에게 간편법은 매우 효율이 좋고, 편리한 면이 있습니다.

특히 이렇게나 정보량이 증가하고 정보처리 비용이 증가하는 현대에서는 간편법의 필요성이 더욱 커지고 있습니다. 실제 몇 가지 성공한 마케팅에서 간편법은 사람을 움직이는 장치로서 활용되고 있습니다.

예를 들면 인터넷상에 있는 막대한 정보 중 고객이 원하는 정보만 골라 제공해 주는 큐레이션 서비스가 인기를 끌고 있습니다. 전문가가 골랐다고 하는 '권위'가 믿음을 주고 또 편하게 원하는 정보를 입수할 수 있다는 장점 때문입니다. 이것도 일종의 간편법 효과라고 할 수 있습니다.

6 사람은 득보다 실에 민감
— 감정과 행동의 관계

어느 포인트 카드 회사가 '이 포인트 카드를 갖고 있지 않은 당신은 사실 손해를 보고 있다!'는 메시지의 광고를 냈습니다. 대부분은 'ㅇㅇ카드를 이용하면 포인트가 쌓인다'는 메시지가 일반적인데, 손해를 보고 있다는 그 메시지가 새롭고 신선하게 느껴져서인지 기억에 남습니다.

그 광고로 인해 카드 회원이 어느 정도 늘어났는지는 모르지만 아마도 효과가 있었을 거라 생각합니다. 왜냐하면 나의 아내가 바로 그 포인트 카드를 사용하기 시작했을 때 "좀 더 빨리 가입했더라면 좋았을걸, 지금까지 엄청난 손해를 보고 있었네"라고 말하는 것을 들었기 때문입니다.

사람은 득得보다 실失에 민감하다는 사실은 행동경제학 연구에 의해 이미 잘 알려져 있습니다. 고전적인 경제학 교과서에서 말하는 '인간은 경제합리성으로 판단하고 행동한다'는 이론이 타당하지 않다는 사실도 잘 알려져 있습니다. 1만 엔을 잃어버렸을 때의 안타까움은 1만 엔을 얻었을 때의 기쁨보다 강하다는 것에 모든 사람이 동의할 것입니다(행동경제학에서는 이를 '손실회피성'이라고 부릅니다).

나의 아내는 항상 여러 종류의 포인트 카드를 지갑에 넣고 다니면서 점포에 따라 사용하고 있습니다. 카드사 입장에서 보면 한 장으로 정리해서 사용하면 빨리 많은 포인트가 쌓이는데….아내의 행동이 이해가 가지 않을지도 모릅니다. 그러나 본인은 한 장의 카드로 합쳤는데 가맹점이 아니어서 포인트 적립이 되지 않는 점포가 있으면 어쩌나 하는, 기회손실 쪽이 염려가 되는 모양입니다.

포인트 프로그램은 대체로 유효한 방법이지만, 사실 일상의 구입행동에서는 포인트 외의 다른 다양한 요소가 작용하는 일이 많습니다. 포인트율이 0.5%에서 1% 정도라고 하면 점포의 위치, 상품구색, 가격 등의 요소가 구입행동에 크게 영향을 미치게 됩니다.

항공사 마일리지를 모으는 사람은 동일한 항공사를 선택할 확률이 높습니다. 마일리지 환원율이 비교적 높고, 쌓인 마일리지에 따라 서비스 혜택이 올라가기 때문입니다. 또 '겨우 모았는데…'라는 심리가 작용하여 다른 항공사로 바꾸지 못하는 것입니다(자신의 과거행동을 정당화하는 심리입니다).

다만 해외출장이 매우 잦은 사람은 다른 판단을 하는 것 같습니다. 나의 동료는 한 달에 여러 차례 해외 각지로 출장을 다니는데 특정 항공사의 마일리지를 적극적으로 모으지 않는다고 합니다. 출장 때마다 가장 발착시간이 좋은 비행기를 우선적으로 선택하기 때문입니다.

✤ 포인트 수집의 동기는 손실회피

'소비자는 가장 효율적으로 포인트를 모으기 위해 동일한 점포나 동일한 항공사를 선택하고 구입 시 동일한 카드를 사용해서 득을 보려고 한다'고 상정하는 것은 기업 측의 매우 자의적인 판단일 수 있습니다.

슈퍼마켓에 갈 때마다 반드시 포인트를 적립한다. 포인트 10배의 날에는 꼭 들르는데 그것은 손해 보고 싶지 않기 때문. 그렇다고 해서 필요 없는 것까지 구입하지는 않는다.

이것이 소비자의 진심입니다.

그렇다고 이를 '소비자에게 포인트를 주면 반드시 행동한다'라고 해석하면 문제입니다.

최근 많은 지자체가 '건강 포인트' 등의 이름으로 주민의 건강행동(정기 검진이나 걷기대회 참가, 만보계의 걸음 수 등)에 따라 포인트를 발행하는 활동을 하고 있습니다. 그러나 현 시점에서 그러한 활동에 적극적으로 참가하는 사람은 평소 건강에 관심이 있는 사람들뿐이며, 정말 참가해야 할 건강하지 않은 사람이나 운동을 싫어하는 사람은 그다지 반응하지 않는다고 합니다.

즉, 포인트를 모으는 행동의 배경에는 '손해 보고 싶지 않다'는 동기가 있지만, 그렇다고 하고 싶지 않은 것까지 하게 만드는 동기부여는 없다고 할 수 있습니다. 다시 말해 사람은 손해 보고 싶어 하지 않는 감정이 강하고, 손해 보는 것에 매우 민감합니다.

조삼모사朝三暮四라고 하는 사자성어가 있습니다. 이는 기르던 원숭이들이 도토리를 아침에 세 개, 저녁에 네 개 받는 것보다 아침에 네 개, 저녁에 세 개 받는 것이 더 좋다면서 화를 냈다는 일화에서 온 것으로, 경제 합리성으로 보면 동일한데도 사람은 늘 편향된 인식을 하게 됩니다. 그런데 확실히 '아침에 세 개'는 왠지 모르게 손해 보고 있다는 느낌이 들지 않나요?

7 행동 브레이크와 행동 액셀로 리스크를 관리한다

손실에 대한 강한 의식은 이성적이라기보다 감정적인 것에 가깝습니다. 그것은 지금까지 서술한 리스크 감도와도 맥을 같이합니다. 항상 리스크에 민감하기 때문에 손실에 대해 강한 감정이 작용한다고 해석하는 것이 좋을지도 모르겠습니다. 리스크는 행동을 억제하지만, 반대로 손해 보고 싶지 않다는 강한 감정이 생겼을 때 반사적으로 행동에 나서게 할 수도 있습니다.

행동발생의 메커니즘은 분노, 기쁨, 공포, 슬픔 등의 강한 감정(심리학 용어로 '정동情動'이라고 합니다)과 직결되어 있습니다. 간혹 스포츠 경기 중에 난투를 벌이는 선수는 그러한 감정 때문에 그 순간에는 본인에게 닥칠 처분에 대한 리스크를 완전히 잊어버립니다. '나도 모르게 손이 나갔다'고 하는 행동의 배경에는 이 같은 강한 감정이 있습니다.

사회생활에서 길러진 수치심이나 자존심, 죄악감은 '사회적 감정'으로 불리는데, 이들도 매우 강한 감정, 즉 정동이라고 할 수 있습니다.

이러한 정동이 계기가 되어 그전까지 행동을 억제하고 있던 감정이 해방되거나 행동이 더욱 가속화되는 심리상태의 변화가 생깁니다. '이 변화를 잘 제어하면 사람의 행동을 유도해 낼 수 있을 것이다'는 것이 우리 연구소의 가설입니다.

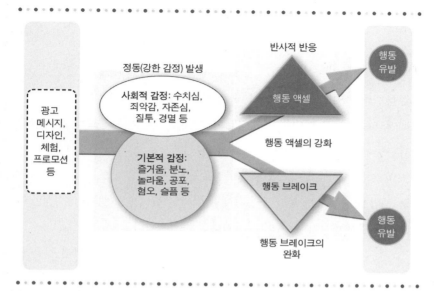

정동(강한 감정) 발생

반사적 반응

행동 유발

사회적 감정: 수치심, 죄악감, 자존심, 질투, 경멸 등

행동 액셀

광고 메시지, 디자인, 체험, 프로모션 등

기본적 감정: 즐거움, 분노, 놀라움, 공포, 혐오, 슬픔 등

행동 액셀의 강화

행동 브레이크

행동 유발

행동 브레이크의 완화

그림 4-2_ 행동 액셀과 행동 브레이크

이러한 심리상태의 제어를 자동차 운전으로 비유하면 '행동 브레이크'의 완화, '행동 액셀'의 가속이라고 할 수 있습니다(그림 4-2).

사람(특히 대다수의 진중한 사람들 = 리스크 감도가 높은 사람들)은 언제나 새로운 행동을 억제하려는 행동 브레이크를 걸어놓고 있습니다. 이를 복잡하지 않은 장치로 해소·완화시켜 주면 행동에 나설 확률이 높아집니다.

또한 강한 감정을 자극하면 사람은 리스크를 잊어버리고 행동하는 경우가 있습니다. 그러한 행동은 대체로 '사실은(본능적으로) 하고 싶지만 참고 있던 / 할 계기가 없었던' 행동입니다. 감정이 행동을 일으키는 계기가 되는 것입니다. 이는 행동 액셀의 가속입니다.

❖ 강한 감정이 행동을 유발한다

'축구는 격투기'라고 말하는 사람이 있습니다. 확실히 강한 축구선수는 본질적으로 파이터라고 생각합니다. 그들을 옐로카드, 레드카드라는 행동 브레이크로 보통은 제어하고 있지만, 어느 순간 파이터의 본능이 분출하여 반칙행동이 가속화됩니다.

소비자가 행동 브레이크를 풀거나 또는 행동 액셀을 밟도록 감정을 자극하는 방법에 대해서는 후반에서 상세히 설명할 것이므로 여기서는 '강한 감정이 행동을 유발한다'는 원리만 기억하면 좋겠습니다.

그런데 앞서 3장에서 의식과 행동은 상관관계가 없다고 말했던 것을 기억합니까?

사람은 '좋아한다'는 의식이 생기면 생각지도 않은 행동을 하기도 하는 것은 사실입니다. 즉, 의식이 행동을 유발하는 상황입니다. 이것을 어떻게 보면 좋을까요?

문제는 그때의 '좋아한다'는 의식이 자신도 제어할 수 없는 돌발적 감정(= 사랑)인지, 아니면 조금 냉정하고 지속적인 가치평가에 가까운 감정(= 호의)인지를 알아야 하는 것입니다. 사랑과 호의의 차이는 정동의 강약에서 나옵니다.

사랑은 매우 강한 정동입니다. 범죄까지 일으키는 사람이 있을 정도니까요. 그러므로 만약 상품에 대해 '사랑' 정도의 강한 애착을 가질 수 있도록 한다면 그것을 어떻게든 손에 넣고자 행동할 것입니다. 그러나 일반적인 '호의' 정도로는 행동까지 이르지 못하는 경우가 많습니다.

한편 사랑으로 인해 발생하는 범죄의 대부분은 '애인을 다른 사람에게 뺏

소비자의 행동을 디자인하는 마케팅

기고 싶지 않고, 잃고 싶지 않다'고 하는 손실에 기인하는 감정이나 질투심, 복수심 등 강한 정동이 행동의 동기인 경우가 많습니다. 연애감정이 아니라 손실을 회피하고자 하는 감정이 결국 사람을 행동하게 한다는 것을 부정할 수 없게 합니다.

8 '노선변경'이라는 리스크 감소법

리스크감에 대해 분석해 보면 사람이 쉽게 새로운 행동을 하려고 들지 않는 이유를 조금 알 수 있습니다. 그럼에도 새로운 행동을 유도해 낸 사례는 어떻게 리스크감을 제어할 수 있었던 것일까요?

우리 연구소가 착안한 것은 '익숙한 것에는 리스크를 느끼지 않는다'고 하는 특성입니다. 앞서도 말했지만 TV에서 자주 보는 예능인이나 배우를 광고에 기용하는 것은 인지도가 낮은 브랜드로서는 리스크를 완화하는 데 효과가 있습니다. 다만 그것만으로는 (구입)행동까지는 가지 않습니다.

그러면 어떻게 하면 '(구입)하고 싶다'는 감정을 만들어낼 수 있을까요? 그 하나의 방법을 소개하겠습니다.

바로 '노선변경법'입니다.

노선변경이라는 것은 자사 상품의 현재 노선(포지션)을 가까운 옆 노선으로 이동하는 방법입니다. 편도 4차선, 5차선이 있는 고속도로에서 바로 옆 차선으로 이동하는 것은 별로 어렵지 않고 리스크도 낮습니다. 그러나 5차선에 있다가 1차선으로 갑자기 이동하는 것에는 공포감이 있습니다. 이를 보고 우리 연구소가 생각해 낸 키워드입니다.

1장에서 설명한 행동에 의한 시장분류를 떠올려 보십시오. 여기서 말하는 노선은 '행동으로 분류한 시장'과 동일한 의미입니다.

예를 들어 휴대용 음악 재생기기로 어디서나 음악을 듣는 행동(기존 노선)을 음악을 들으면서 운동하는 행동(새로운 노선)으로 전환하여 새로운 시장기회를 창출하는 것이 노선변경입니다.

❖ 노선변경으로 의식과 행동을 바꾸다

노선변경은 마케팅 교과서에 나오는 리포지셔닝repositioning에 가깝지만, 다른 점은 의식(이미지 포지션)뿐 아니라 행동도 같이 전환시킨다는 것입니다. 좀 전의 사례로 보면 '언제 어디서나 음악을 듣는다'고 하는 음악 주체의 행동을 '즐겁게 운동한다'고 하는 스포츠 주체의 행동으로 전환시키는 것입니다. 이것이 중요한 포인트입니다.

휴대용 음악재생기기의 제품 소형화가 한계점에 이르고 더는 새로운 쟁점을 제시할 수 없을 때 시장은 포화하고 정체되어 갑니다. 앞서도 말했듯이 그럴 때 제품 안에서는 답을 찾을 수 없습니다. 어떻게 해야 할까요?

잠깐 주위를 둘러보십시오. 많은 사람이 이어폰을 하고 달리기를 하거나 공원에서 운동하는 모습이 보이지 않습니까? 그것이 바로 새로운 노선입니다.

음악을 감상 목적이 아니라 기분 좋게 운동하기 위한 보조수단으로 자리를 바꿔봅시다. 그전까지의 경쟁 축과는 완전히 다른 새로운 경쟁 축이 보일 것입니다.

음악시장에서 보면 운동이라고 하는 행동으로 묶은 시장에 다소 거리감

소비자의 행동을 디자인하는 마케팅

이 느껴지겠지만, 운동회에서 늘 음악이 흘러나왔던 것을 상기해 보면 운동과 음악의 연결이 전혀 생소한 것은 아니라는 생각이 듭니다.

'음악을 들으면서 운동하면 기분이 좋다'는 것은 경험해 본 사람이라면 직감적으로 이해할 수 있는 감각입니다. 카스테레오를 통해 나오는 음악을 들으며 드라이브를 즐긴 경험이 있다면 더 공감하리라 생각합니다.

❖ 익숙한 노선으로 이동

전동칫솔은 제품 발상으로는 위생용품으로 분류됩니다. 그런데 시장이 포화상태가 되면 어떻게 하면 좋을까요? 휴대용 전동칫솔을 누가, 어디에서 사용하기 원하는지를 생각해 보면 노선변경의 기회가 보입니다.

예를 들어 젊은 여성. 그들은 점심식사 후 세면대로 갑니다. 거기서 무엇을 하나요? 이를 닦고 립스틱을 다시 바르고 머리를 정돈하는 등 화장을 수정하는 행동을 합니다. 즉, 여성에게 휴대용 전동칫솔은 위생용품 시장이 아니라 수정화장 시장에 속하는 것입니다.

그렇다면 기존의 위생용품 같은 디자인이 아니라 화장품 파우치에 넣어도 거북스럽지 않은 립스틱이나 마스카라 같은 디자인으로 변경하는 것도 방법일 수 있습니다. 이것이 노선변경입니다.

노선변경에서 중요한 것은 이동하려는 노선이 어느 정도 익숙한 것이어야 합니다. 완전히 새로운 디자인보다 익숙한 디자인, 이를테면 '립스틱과 비슷한 모양'이 되어야 합니다.

또 하나 중요한 것은 이동하려는 노선이 현재 인기가 있고 많은 사람이 거기에 있어야 합니다. 인기가 없고 침체한 노선에서는 새로운 만남을 기대할 수 없습니다.

9 하이볼은 일종의 노선변경이다

여러분도 잘 알고 있는 노선변경 사례가 있습니다. 위스키업계가 설계한 '하이볼' 전략입니다.

위스키제품은 수입·국산을 불문하고 1980년대 중반부터 하락세에 있었습니다. 고도성장기를 거치면서 술집에서 위스키를 즐겨 마시던 그 익숙한 광경에 신세대들은 위화감을 느끼게 되고 위스키 행동(술집이나 집에서 위스키를 물에 타서 마시는 행동)은 정체되어 버린 것입니다.

또한 여성이 밖에서도 가정에서도 술을 마시는 것이 보편화되고, 동시에 식중주 시장이 급속하게 확대되었습니다. 따라서 위스키의 음용을 다시 부활시키기 위해서는 식중주로 만드는 것, 즉 식중주 행동으로 이동하는 수밖에 없었습니다.

물론 위스키를 식중주로 만들려는 도전은 과거에도 많이 시도되었지만 하이볼 정도로 보급·정착하지는 못했습니다. 식중주 시장에 들어가기 위해 위스키는 생맥주나 주하이(저알콜 탄산소주)가 있는 곳으로 노선변경을 시도했습니다.

'위스키 본래의 상태로도 식중주 행동이 가능하지 않을까?'라고 생각하는 사람이 있을지 모르겠지만, 그것은 5차선에서 갑자기 1차선으로 바꾸는 것과 같습니다. 와인에 대항하기 위해 생굴에 싱글몰트를 제안하고, 와인 잔으로 위스키 향을 즐기자 등의 제안을 하는 것은 위스키에 익숙하지 않은 사람에게는 꽤 거리감 있는 것입니다. 게다가 그러한 음용법은 많은 양을 소비하지 못합니다.

하이볼이 근래에 탄생한 것이라고 생각하기 쉬우나 실은 100년 이상 전부터 있던 음용법입니다. 다만 지금의 하이볼은 바텐더가 있는 바에서 마시는 칵테일 하이볼과는 많이 다릅니다.

500cc 생맥주 잔에 담긴 하이볼을 꿀꺽꿀꺽 호쾌하게 마신다, 이것이 하이볼의 음용법입니다. 이 음용법은 위스키로서는 전에 없던 새로운 것입니다. 하지만 전혀 새롭지도 않은 것이, 이는 생맥주나 주하이에서 이미 경험한 익숙한 음용법입니다. 이 점이 바로 새로운 위스키 행동이 거부감 없이 수용되고 정착할 수 있었던 요인입니다.

이처럼 어느 정도 '익숙함'이 있지만 어딘가 '새로움'이라고 하는 절묘한 거리감(노선)을 겨냥하는 것이 노선변경의 성공 포인트입니다. 다시 말해 가까운 곳에 이미 존재하는 익숙한 모티브를 활용하는 것입니다. 그러한 관점에서 찾아보면 세상에는 활용 가능한 모티브가 많이 있습니다.

❖ 귀성행동을 촉진하는 추석의 노선변경

예를 들어 추석을 설날 쪽으로 노선변경하려면 어떻게 해야 할까요?

'무슨 말이지?'라고 생각하겠지만, 설날에 있는 모티브를 활용하여 추석을 다시 한 번 활성화시켜 보자는 것입니다.

추석과 설날은 원래 '친족 일가가 본가에 모이는 날'로서 두 명절이 대등하게 중요시되어 왔는데, 지금은 설날만 남고 추석은 전통행사로서의 가치가 많이 희박해졌습니다.

그림 4-3_ 세뱃돈 봉투

그러면 설날에 있는 모티브를 찾아봅시다. 설날을 가장 즐거워하는 이들은 누구일까요? 물론 아이들입니다. 많은 친척으로부터 세뱃돈을 받기 때문입니다. 이 세뱃돈이 설날의 압도적인 경쟁력이며 추석에는 없는 킬러 콘텐츠입니다.

따라서 추석을 설날만큼 활성화시키기 위해서는 세뱃돈같이 아이들이 기대할 만한 어떤 것을 마련해 두어야 합니다.

(주)마루아이라고 하는 회사가 최근 실시한 사례입니다. 마루아이는 편지봉투 등을 만드는 문구·종이류 회사인데, 추석에 귀성한 아이들에게 조부모나 친척이 용돈을 주기 쉽도록 '추석 세뱃돈 봉투'를 만들어 판매했습니다. 그전에도 추석에 용돈을 건네는 일은 종종 있었지만, 이 작은 봉투를 계기로 '추석 세뱃돈'을 주는 행동이 급부상하게 되고, 전국으로 확산되어 갔습니다.

멀리 떨어진 곳에 본가가 있는 가족에게 연 2회의 대이동은 부담입니다. 교통정체를 생각하면 더욱 마음이 내키지 않고, 그래서 설날만 귀성을 하고 추석은 지나쳐 버리게 되었던 것입니다. 그런데 지금은 아이들이 추석을 기대하고 있고, 조부모도 손자들을 볼 수 있어 이보다 기쁜 일은 없습니다.

추석은 '세뱃돈'이라는 설날의 가장 매력 있는 모티브를 활용하여 설날 쪽으로 노선을 변경한 매우 흥미로운 사례입니다. 이는 추석 세뱃돈이라는 행동을 만들어냈을 뿐만 아니라 그에 따라 정체되었던 추석 귀성행동의 재활성화로 이어지게 되었습니다.

10 복날 장어도 노선변경으로 탄생했다

노선변경의 원조라고 할 수 있는 사례를 소개하겠습니다. 여름 복날이 가까워지면 여기저기서 장어 이미지를 자주 보게 됩니다. 그러면 문득 장어를 먹어야겠다는 생각이 듭니다. 일본인이 여름에 장어를 먹게 된 것은 에도 시대 중기(1700~1750년경)부터라고 합니다. 그전에는 여름에 'う(우)'가 붙는 음식을 먹는 습관이 있었는데, うり(우리, 참외), うめぼし(우메보시, 매실 장아찌) 등이 그것입니다. 또한 바지락도 여름철 영양식으로 복날에 먹는 습관이 있었다고 합니다.

한편 장어는 기름이 많고 맛이 오른 겨울이 제철인 음식으로 여름에는 인기가 없었다고 합니다. 여름철 장사가 곤란해진 장어 장수가 도움을 요청하러 찾아간 사람이 바로 박학다식하기로 유명한 학자 히라가 겐나이平賀源内. 그는 여름에 'う(우)'가 붙는 음식을 먹는 풍습을 활용해서 'う(우)'로 시작하는 장어(일본어로 우나기うなぎ)를 여름 복날에 먹도록 제안했고 이것이 유래가 되었다고 전해집니다.

바지락은 몸에는 좋지만 'う(우)'가 붙지 않고(바지락은 일본어로 시지미, しじみ), うり(우리, 참외)는 'う(우)'가 붙지만 영양이 부족하다, 그래서 등장한 것이 'う(우)'가 붙으면서 영양이 풍부한 장어.

이런 스토리 때문에 당시의 소비자에게 장어는 의외로 쉽게 수용 가능한 여름철 보양식이었는지도 모릅니다.

최근에는 '봄 보양식'이라고 해서 여름철 말고도 장어를 파는 업체가 있습니다. 또 장어 어획량이 감소하고 있기 때문에 장어 대신 영양가 높은 계란을 먹자고 제안하는 기업도 있습니다. 이처럼 일단 어떤 행동을 다른 행동으로 노선변경하면 그다음부터는 그 행동을 다른 시기나 다른 상품으로 노선변경하는 것이 쉬워집니다.

오랜 시간에 걸쳐 이어온 습관은 매우 강력하지만 한번 움직이는 것이 가능하면 거기서부터는 점점 습관이 가변적이고 유연성 있게 바뀌어 갑니다.

이 과정에는 '주기화'라고 하는 메커니즘이 작용하고 있습니다.

❖ 주기성을 활용하다

현대인은 시간을 개념적으로 인식할 수 있지만, 고대 사람에게는 눈에 보이는 태양이나 별, 달의 운행주기가 시간이었습니다.

특히 농경생활에서 이 주기는 매우 중요한 의미를 가집니다. 농경 중심의 달력에서 생겨난 24절기는 옛날만큼은 아니지만 지금도 우리의 생활문화에 영향을 미치고 있습니다. 1년에 네 차례 있는 사입절(입춘, 입하, 입추, 입동)도 24절기 중 하나입니다.

주기는 인간생활의 기본 축이며 익숙함과 안심감을 부여하고, 새로운 습관을 받아들이는 리스크를 낮춰줍니다. 그리고 한번 주기화된 행동은 그 주기에 맞춰 자연적으로 반복하게 됩니다.

연 1회 동일한 주기로 돌아오는 기념일은 바로 주기성을 활용한 행동디자인입니다. 이미 다양한 기념일 마케팅이 실시되고 있는데, 이는 우리가 얼마나 연 1회의 주기에 지배당하기 쉬운지를 보여줍니다. '1년에 한 번 정도라면'이라는 생각이 행동 브레이크를 풀어주는 작용을 합니다.

그리고 매년 '1년에 한 번' 하는 사이에 그 행동은 습관이 되고 사회에 침투해 갑니다. 춘하추동이라고 하는 사이클도 사계절이 있는 나라에서는 주기감각입니다. 봄 보양식이라는 이름으로 봄에도 장어를 먹자고 하는 제안은 바로 이 주기성 때문입니다.

매월, 매주, 매일 등의 사이클도 누구에게나 찾아오는 주기이므로 거기에 행동습관을 심어주면 지속성을 기대할 수 있습니다. 매월 29일은 고기먹는 날, 금요일은 ○○날 등입니다.

매일화로 만들고자 한다면 아침, 점심, 오후, 밤 등 하루의 주기를 활용하는 것이 유효합니다. 특히 아침은 하루의 시작이므로 의식이 높아집니다. 그래서인지 아침에 특정 행동을 하도록 습관화시킨 것에 성공한 사례가 많이 있습니다.

11 행동을 프레이밍하자

왜 주기가 사람의 행동유발에 유효할까요? 심리학적 지견으로 어느 정도 설명이 가능합니다.

심리학이나 언어학에 '프레임 이론'이라는 것이 있습니다. 미국에서 인공지능의 아버지라고 불리는 마빈 민스키Marvin Lee Minsky라는 과학자가 AI를 연구하던 중에 '사람이 이 세계를 어떻게 인식하는지'의 인지이론을 체계화했습니다. 인간이 어떤 현상이나 사물을 파악하고 기억하기 위해서는 뇌가 기억하기 쉬운 틀, 즉 프레임이 필요하다는 이론입니다.

연, 월, 일 또는 아침, 점심, 저녁 등의 시간 개념은 사람이 사물이나 현상을 파악하기 위한 인식 프레임의 하나입니다. 이 같은 시간 프레임을 공유할 수 없으면 사회생활은 성립하지 않습니다. 즉, 프레임이라고 하는 것은 기억을 포함한 인지활동을 지원하는 플랫폼 같은 것입니다.

사람은 자신이 가지고 있는 프레임을 단서로 새로운 대상이나 상황을 해석하고 이해합니다. 예를 들어 우리가 고양이를 만났을 때 고양이라고 인식할 수 있는 것은 과거에 고양이에 관해 자신이 가지고 있는 지식이나 경험을 프레임화해 왔기 때문입니다.

고양이라고 하는 인식프레임 안에 삼색 고양이, 검은 고양이, 샴 고양이 등 색이나 형태(속성)의 체험을 쌓아갑니다. 나아가 '고양이는 영물이다', '고양이는 깨끗한 동물이다', '고양이는 자기 마음대로다' 등과 같은 고양이의 성질이 프레임화되어 갑니다. 이렇게 사물을 이해하고 기억하는 구조를 '프레임'이라고 합니다.

앞서 소개한 노선변경법도 '설날 = 세뱃돈', '생맥주 = 500cc' 등 기존의 인식프레임을 활용한 접근법이라고 할 수 있습니다.

프레임은 문화나 시대에 따라 차이가 있습니다. 자란 환경이나 생활이 바뀌면 구성되는 프레임도 바뀝니다. 다른 사람과의 커뮤니케이션이 어려운 이유는 같은 고양이라도 상대방이 가지고 있는 프레임이 미묘하게 다르기 때문입니다. 반면 주기성의 프레임이 유효한 이유는 그 사이클이 누구에게나 동일하게 돌아오기 때문입니다.

소비자의 행동을 디자인하는 마케팅

♣ 자연스럽게 행동을 촉진하는 프레임

프레임을 잘 활용하면 새로운 행동도 저항감 없이 생활 속에 정착시킬 수 있을 것이라고 우리는 생각합니다. 즉, '행동을 프레이밍'한다는 발상입니다.

'겨울에는 겨울 타이어로 교환하자'고 하는 제안은 행동을 프레임한 사례입니다. 뇌 속에 프레임되어 있는 '여름에는 하복, 겨울에는 동복'이라는 체험적인 기억을 활용하여 자연스럽게 타이어 교환행동을 촉진합니다. 참고로 겨울 타이어의 정식 명칭은 스터드리스 타이어studless tire이지만, 이 명칭으로는 사람을 움직이는 힘이 약합니다. '겨울 타이어'라는 명칭에는 '겨울이 되면 타이어를 교환하자'는 행동이 내포되어 있습니다. 바로 행동 발상에 기초한 명칭입니다.

프레임 이론은 사람이 세계를 어떻게 파악하고 어떻게 기억을 정리해서 인지, 이해, 기억 등의 인지적 조작을 하는지에 관한 하나의 가설입니다. 뇌속에 정보가 어떻게 처리되고 의식이나 기억이 생성되는지 사실 아직 거의 밝혀진 것이 없습니다.

5장

일상에서
행동기회를 발견하다

지금까지 행동을 유발하기 위해서는 행동디자인이 필요하다는 것을 설명했습니다.

그러면 실제 어떻게 하면 좋을까요?

이 장에서는 새로운 행동을 창출할 기회,

즉 행동기회를 발견하는 방법에 대해 설명하겠습니다.

1 의식은 눈에 보이지 않지만 행동은 보인다

설문조사에서 가령 '당신은 환경에 신경 쓰는 편입니까?'라는 질문을 하면 대략 20% 정도가 '매우 그렇다', 50% 정도가 '약간 그렇다'로 전체 응답자 중 약 70%의 사람이 환경에 신경 쓴다고 응답합니다. 경우에 따라서는 더 높게 나오기도 합니다.

그러면 구체적으로 어떤 행동을 하는지 몇 가지 보기를 제시하면 '플라스틱 병을 버릴 때 패키지에 붙어 있는 필름과 뚜껑을 분리한다', '친환경 자동차를 탄다', '에코백을 가지고 다닌다' 등의 항목에 체크하는 수가 높게 나타납니다.

여기서 잠깐 사반세기 전으로 돌아가 봅시다. 당시 에코백은 진귀한 물건이었습니다. 플라스틱 병은 그대로 버려졌고, 하이브리드 자동차 등의 친환경차도 보급되지 않았습니다. 그 시대에도 환경의식은 어느 정도 있었지만, 그것을 행동화하는 수단이 압도적으로 부족했습니다.

친환경사회를 실현하기 위해서는 환경의식의 고취와 함께 친환경 행동의 확대가 둘 다 필요합니다. 그러나 행동의 수단이 없으면 아무리 환경의식을 고취시켜도 행동에 이르지 않는, 즉 결과가 나오지 않게 됩니다.

조금 극단적으로 말하면 환경의식이 낮아도 친환경자동차를 타고 플라스틱 병 분리수거를 잘하면 그것으로 됐습니다. 친환경 행동을 일으킬 만한 수단이 많고, 오히려 환경과 동떨어진 행동을 하는 것이 어색할 정도의 상황을 실현할 수 있으면 친환경 행동은 확대됩니다. 친환경자동차 감세 등은 가장 대표적인 예입니다. 친환경 행동을 지속하다 보면 친환경 의식도 조금씩 향상되어 갈 수 있습니다.

❖ 행동하기 쉬운 환경을 마련하다

3장에서 의식과 행동의 간극에 대해 말한 바 있습니다.

의식은 높은데 그것이 행동으로 옮겨지지 않으면 매우 아까운 기회손실이 아닐까요?

행동하게 하는 것이 간단한 일은 아니지만, 의식을 높이는 것보다 실제 행동하기 쉽거나 행동하고 싶은 환경을 마련해서 우선 행동하도록 하는 것에 힘을 쏟아야 한다는 것이 행동디자인의 기본 생각입니다.

아이들에게 숙제하라고 하면 "지금 하려고 했는데"라고 말하면서 하지 않습니다. 입으로는 "다이어트해야 하는데"라고 하면서 음식을 마구 먹는 사람도 있습니다. '여행 가고 싶다'고 생각하면서도 실제 가지 않는 사람은 꽤 많을 것입니다.

그럴 때 생각이 있으면서도 행동하지 않는 본인이 잘못됐다고 여기지 말고, 그 사람이 좀 더 행동에 나서기 쉽도록 지원하는 수단을 제공해야 합니다. 소비자에게는 '~하고 싶다'는 의식이 늘 있습니다.

❖ 빙산의 일각은 눈에 보이는 쪽이 진실

행동이 중요한 이유는 눈에 보인다는 것입니다. 의식은 눈으로 볼 수 없습니다. 의식조사에서 응답자는 사실 본인도 잘 알지 못하고 대답하는 경우가 있습니다. 질문을 받으면 "아, 그래요. 그것이 중요하지요"라며 그제

그림 5-1_ 빙산의 일각

야 깨닫고 응답하는 경우가 많습니다.

'빙산의 일각'이라는 말이 있습니다(그림 5-1). 수면 위에 보이는 것이 행동이고 수면 아래가 의식입니다. 우리는 오랫동안 사람의 눈에 보이지 않는 수면 아래 의식을 발굴하는 것에 집중해 왔지만, 결과(사람의 행동)에서 생각하면 중요한 것은 눈에 보이는 행동입니다. 수면 아래의 의식은 대부분이 잠재적이며 자각할 수 없는 무의식입니다.

그러한 무의식을 질문 형식의 조사로 발굴하는 것은 매우 어렵습니다. 오히려 단서가 되는 행동에서 그 사람이 왜 그 행동을 했는지를 보고 무의식을 탐색하는 것이 확실한 접근법이 아닐까 생각합니다.

물론 행동디자인에서도 최종적으로는 눈에 보이지 않는 소비자의 내면에 대한 통찰(인사이트)이 필요합니다. 그것을 의식이 아니라 행동에서 찾는 것이 행동디자인의 특징입니다.

2 생활일기조사를 통해 행동스위치가 어디서 켜지는지를 보라

우리와 동일한 문제의식을 가지고 소비자 연구를 하고 있는 분이 있습니다. 도쿄 쓰지나카 경영연구소의 쓰지나카 도시키辻中俊樹 소장입니다. 쓰지나카 소장이 30년 이상 계속하고 있는 조사방법이 '생활일기조사'라는 것입니다. 이 조사에 대해서는 그의 저서(『마케팅의 거짓말』, 2015)에 상세히 기재되어 있으므로 여기서는 간단히 그 개요만 소개하겠습니다.

눈에 보이지 않는 소비자의 속마음(인사이트)을 발견하기 위해 마케터가 하는 첫 번째 일은 소비자조사입니다. 조사에 의존하지 않고 마케터 본인의 경험이나 직감으로 가설을 세워도 상관없지만 그 가설이 신용을 얻기 위해서는 객관적인 조사결과가 있는 것이 좋습니다.

일반적으로 조사라고 하면 통계적인 신뢰성을 확보하기 위해 많은 수를 대상으로 하는 정량조사가 기본입니다. 이 밖에 FGI 등 소수를 대상으로 한 정성조사라는 것도 있습니다. 정량조사나 정성조사는 각각 일장일단이 있지만 이 생활일기조사는 그 중간적인 성질의 조사입니다.

1회 조사에 대체로 40명 정도의 조사 대상자를 확보하고 모두에게 일주일 동안 일기를 쓰도록 합니다.

❖ 일기에는 상품과 관계없는 행동·기분·몸상태 등도 기록한다

예를 들어 커피에 관한 조사라면 아침에 일어나서 잠자리에 들 때까지 무엇을 먹고 마셨는지, 거기에 커피가 언제 어떤 형태로(캔커피, 전문점 커피

소비자의 행동을 디자인하는 마케팅

등) 등장했는지를 기록합니다. 나아가 그때 어떤 행동(외출, 통근, 쇼핑, 친구와 만남 등)을 했는지, 기분이나 몸상태 등은 어땠는지도 덧붙입니다. 그것을 나중에 남녀, 연령 등으로 경향을 봅니다.

마찬가지로 스킨케어제품 조사라면 아침부터 밤까지 어떤 화장행동을 했는지, 외출 등의 다른 행동을 했는지, 피부상태나 피부고민을 느낀 순간, 그때의 감상 등을 쓰도록 합니다. 그러한 상황을 설명하는 사진도 함께 첨부하도록 합니다.

일주일분의 일기는 상당한 양의 정보입니다. 대상자들은 대체로 밤에 그날 하루분을 모아서 적는 사람이 많지만 쓰지나카 소장에 의하면 정확성은 꽤 높다고 합니다.

조사는 대개 특정 제품 카테고리를 대상으로 하기 때문에 일기에서 해당 제품이 등장하는 부분이 하이라이트가 됩니다. 거기를 시간의 흐름에 따라 쫓아가면 수면 위에 보이는 행동과 수면 아래의 의식이 특정 제품을 접점으로 연결되어 있는 구조가 보입니다.

예를 들면 이른 아침부터 시작된 길고 무거운 회의. 그것이 끝난 오전 10시. 잠깐 휴식을 취하고 싶다는 의식과 커피행동이 '달달한 커피'라고 하는 제품을 접점으로 연결됩니다.

자녀의 야구시합을 관전하기 위해 낮 시간 내내 야외구장에 앉아 있던 엄마는 줄곧 그날 아침에 썬케어를 충분히 하지 않은 것을 후회했습니다. 그러면 그날 밤의 스킨케어 행동은 '미백에 효력이 높은 미용액'이라는 제품으로 연결됩니다.

❖ 일기에서 행동스위치가 보인다

이를 '특정 제품이나 행동이 떠오르는 순간'이라는 의미로 '행동스위치'라고 부릅니다.

피곤하다, 실수했다, 기뻤다, 불안하다… 등 다양한 감정이 어느 단계에 이른 순간, 특정 제품이 떠오르고 그것이 마음을 움직여 행동의 스위치가 켜집니다. 물론 감정뿐만 아니라 목마름을 해결하고 싶다는 생리적 욕구나 그 상태를 어떻게든 회복하고자 하는 케어 의식도 행동스위치를 켜도록 합니다.

지하철을 기다리는 때라든가 무료함을 느낄 때 무심코 스마트폰을 꺼내 보는 사람이 많습니다. 이는 사실 무의식중에 행동스위치가 켜진 것입니다.

걷다가 피곤할 때 의자를 보면 무심코 앉고 싶어지고, 커피 전문점을 찾으면 휴식을 취하고 싶어지는 것도 전형적인 **행동스위치**입니다.

3 행동스위치가 켜진 곳에서 행동기회를 발견하다

여러 명의 일기를 읽어가다 보면 하루에 몇 번 행동스위치가 켜지는지가 보이고, 그때마다 생활장면이 전환되는 과정이 보입니다.

생활장면마다 특정 감정이나 의식이 발생하고, 그로 인해 행동스위치가 켜져 특정 상품을 사용하는 행동으로 이어지고, 그 행동을 통해 감정이나 의식이 충족되는 과정, 이 과정의 반복으로 하루가 끝납니다.

우리나라 사람들은 커피를 매우 좋아하기 때문에 하루에 몇 번이고 커피가 등장하는 장면이 있습니다. 커피는 가까운 여러 장소에서 즉시 구입할 수 있지만, 상품에 따라서는 즉시 충족되지 않는 행동도 있습니다. 여성의 스킨케어 행동이 그 한 예입니다.

여성은 외출하기 전 화장을 하고 보통은 귀가하기 전까지는 화장을 지우지 않습니다. 간단한 수정화장 정도는 해도 밖에서 화장을 지우고 손질하는 것은 곤란합니다. 특히 차가운 바람을 맞거나 강한 햇빛을 받았을 때 즉시 케어하고 싶다는 행동스위치가 켜지지만 사실상 행동이 불가능합니다. 그 미충족 상황이 바로 새로운 행동을 유도해 낼 수 있는 **행동기회**인 것입니다.

✤ 미충족 상황이 행동을 유발하는 기회

'~하고 싶은데 그것이 충족되지 않으므로 ~하다'라는 상황은 대체로 행동기회가 됩니다. '피곤해서 앉고 싶은데 딱히 앉을 만한 곳이 없다'는 것과 같은 상황입니다.

행동스위치가 켜지는데 그것이 충족되지 않을 때(적당한 상품이 없다, 그것을 사용할 상황이 아니다 등)가 행동기회입니다.

자녀와 놀아주고 싶지만 무엇을 하고 놀면 좋을지 모르겠다고 하는 아버지가 많습니다. 특히 연휴나 여름방학은 행동스위치가 켜지기 쉬운 기간입니다. 그때가 바로 많은 아버지들의 공통된 미충족 상황이며 이는 곧 행동기회입니다. 아버지와 자녀가 함께 지역 명소를 다니며 스탬프를 모으는 '여름방학 스탬프 랠리 이벤트'는 그런 행동기회를 잘 포착한 기획입니다.

사무실에서 일하는 많은 여성이 냉방 및 난방건조를 신경 쓰고 있습니다. 촉촉함이 필요하다고 하는 행동스위치가 켜지는 순간입니다. 여기서 행동기회를 잡은 제품이 바로 '아로마 디퓨저 탁상가습기'입니다. 우리 연구소의 여성 연구원들 책상에도 귀여운 아로마 가습기가 놓여 있습니다.

✤ 행동기회는 잠재 니즈를 탐색하는 새로운 방법이다

여러분 중에는 '행동스위치나 행동기회는 이전부터 있던 잠재 니즈 찾기와 다를 바 없다'고 생각하는 사람도 있을 것입니다. 확실히 '미충족 상황'이라고 하는 점에서는 잠재 니즈needs와 비슷하지만, 큰 차이는 탐색방법에 있습니다.

가장 흔한 잠재 니즈 탐색방법은 기존제품을 잘 살펴본 뒤 거기서 부족한 요소를 찾아가는 문제 해결형 접근법입니다. 예를 들면 '이 디지털 카메라가 더 가볍다면', '이 가방 색이 더 화려하다면' 등과 같은 방법입니다.

또는 특정 상품이 없는 상황을 잠재 니즈로 보기도 합니다. 예를 들어 미국에서 다시마차(일반적인 다시마차가 아니라 발효음료)가 유행하고 있는데 우리나라에 들여오면 동일하게 유행할 것이라고 생각합니다. 이른바 '맨발로 생활하는 사람들을 보고 가죽구두에 잠재 니즈가 있다'고 여기는 발상법입니다.

물론 그렇게 해서 대단한 히트작이 나오는 경우도 있습니다. 그러나 막상 판매를 해보니 의외로 니즈가 없었다는 결과를 얻는 경우도 적지 않습니다. 사전조사에서 '그런 것이 있으면 편리하겠다'고 많은 사람이 응답해도 정말 그것을 사용하지 않으면 안 될 정도의 상황은 실은 그렇게 많지 않습니다. 그렇게까지 절실하다면 그것은 이미 잠재 니즈가 아니라 현재화한 니즈이며, 누군가가 벌써 상품화해서 문제를 해결하고 있을 것입니다.

그러므로 잠재 니즈의 탐색방법이 중요합니다. 우리가 말하는 행동기회는 이 같은 제품개선 아이디어가 아닙니다. 생활장면에 실재하는 행동스위치를 관찰하고 그것이 미충족된 상황을 행동기회로 잡아내는 작업입니다. 미충족은 실재적이며 보다 확률적으로 높은 욕구입니다.

4 일상생활의 관찰을 통해 행동기회를 보다

현대인의 생활은 거의 모든 순간이 시판 상품을 사용하는 상품행동으로 이루어져 있습니다. 하루, 1년이라는 시간은 상품행동의 누적으로 구성됩니다. 개개의 상품행동은 대부분 무의식적이지만 때때로 어느 순간 특정 상품에 감정이 향하는 '행동스위치'가 켜집니다.

하루에도 무수히 많은 행동스위치가 켜지는데, 그 안에는 '이런 날씨에는 아이스크림이 먹고 싶어진다', '찬바람이 불면 국물요리가 생각난다'와 같이 관성적인 것도 있고, 지금까지 놓치고 있던 새로운 발견도 있습니다. 날씨나 기온은 알기 쉬운 행동스위치입니다.

늦은 시간까지 바쁘게 일한 여성들은 '자신에 대한 보상'이라는 말을 자주 합니다. 몸과 마음이 극도로 피곤한 상태에서 귀가하는 도중 편의점에 들르는 생활장면에서 종종 등장하는 문구입니다.

이 장면에서 자주 나타나는 것은 '열심히 일한 자신에게 달콤한 디저트를 보상으로 준다'고 하는 상품행동입니다. 행동스위치가 켜지는 순간입니다. 그리고 이 보상행동으로 인해 '밤늦게 귀가'라는 부정적인 생활장면이 '내일도 열심히 하자'고 하는 긍정적 충족상황으로 재편집됩니다.

많은 기업이 이런 순간을 행동기회로 보고 디저트류 제품을 계속 투입한 결과 '보상행동'이 확산되고 정착되었습니다. 심지어 발렌타인데이에도 여성이 자신에 대한 보상으로 초콜릿을 구입하여 스스로에게 주기도 합니다. 참고로 이날에 자신을 위해 초콜릿을 구입하는 남성도 증가하고 있다고 합니다. 남성에게 초콜릿을 주는 날에서 자신이 초콜릿을 먹는 날로 변화되는 것입니다. 이 작은 변화도 새로운 행동기회가 될 것입니다.

❖ 냉장고 사용법에서도 행동기회가 보인다

하나만 더 행동기회의 예를 들어보겠습니다.

필자가 예전에 관여한 제품 중 히타치日立의 '채소 중심'이라고 하는 브랜드의 냉장고가 있습니다. 냉장고는 가족 모두가 사용하는 것이지만, 역시 사용빈도가 가장 높은 사람은 요리를 하는 주부입니다. 주부의 냉장고 사용행동을 히타치의 개발자가 비디오로 촬영한 영상을 보여준 적이 있습니다. 그때 발견한 것이 냉장고에서 채소를 넣고 빼는 데 주부들이 의외로 고생하고 있다는 사실이었습니다.

당시 냉장고의 주류는 3도어 형태였습니다. 다만 지금과 다른 것은 냉기를 위에서 밑으로 가게 하는 구조였기 때문에 위에서 순차적으로 냉동실, 냉장실, 채소실이 있는 구조였습니다. 바닥 가까운 곳에 채소실이 있어서 허리를 많이 굽히거나 바닥에 무릎을 대고 양배추나 배추 등 대형 채소를 넣고 꺼내는 모습이 영상에 비쳤습니다.

게다가 각 실의 개폐 횟수를 세어보니 채소실의 개폐 횟수가 가장 많았습니다. 주부는 가족에게 채소를 많이 먹이고 싶어서 채소를 구입하고 요리를 합니다. 가장 많이 이용하는 채소실이 싱크대 높이 정도 되는 곳에 있는 것이 이상적인데 그렇게 되어 있지 않았던 것입니다.

'사실은 더 ○○하고 싶은데 현상은 그렇지 않다'는 상황, 즉 '채소를 요리에 더 자주 사용하고 싶은데 냉장고 사용이 불편하다'는 이 상황이 행동기회입니다.

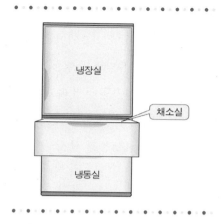

그림 5-2_ 채소실이 중간 칸에 있는 냉장고

이에 히타치가 제시한 해결책은 중간 칸에 채소실이 있는 레이아웃이었습니다. 그것이 바로 '채소 중심'이라는 브랜드의 냉장고였습니다. 그 후 냉동식품을 많이 사용하는 시대가 와서 무겁고 차가운 냉동식품을 가장 사용하기 쉬운 중간 칸에 두는 형태가 주류가 되었지만, 당시 채소실을 중간 칸에 둔 냉장고는 획기적이었으며 한 세기를 풍미한 대히트 상품이 되었습니다.

당시 영상에는 채소실 안쪽 깊숙이 넣어둔 채소를 힘겹게 찾아 꺼내는 장면도 많이 있었습니다. 허리를 굽히고 채소를 찾거나 무거운 채소를 넣고 빼는 일로 인해 '짜증이 나는 순간'이 '채소 중심' 냉장고를 구입하게 한 행동스위치였던 것입니다.

최근 수납장소를 차지하지 않는 미니배추라는 채소가 나왔는데, 큰 배추를 넣고 뺄 때의 짜증은 미니배추로서는 행동기회입니다. 또한 '귀찮으니 채소는 사용하지 말고 고기만 쓰자', '손질되어 있는 재료를 구입하자'는 등의 다른 행동을 유발하는 행동기회도 됩니다.

이처럼 생활장면을 깊게 파고들어 그 속에서 지금까지 인식하지 못했던 행동기회를 찾는 것이 행동디자인의 첫걸음입니다. 생활일기 조사법의 장점은 생활장면과 상품행동의 관계성을 한 번에 파악 가능하기 때문에 행동스위치나 행동기회를 발견하기 쉽다는 점입니다.

5 360도 행동관찰에서 행동기회를 발견하다

생활 속에 숨겨진 행동기회를 발견하는 방법에는 생활일기조사 외에도 여러 가지가 있습니다. 냉장고의 사례처럼 비디오카메라로 행동을 관찰한다든지, 타깃의 뒤를 미행한다든지, 자택에서 인터뷰하는 등입니다.

그러한 조사에 의지하지 않아도 어느 정도 마케팅 경험이 있는 사람이 네댓 명 모여 각각의 체험이나 기억을 나누면 일정 정도의 정확도로 하루의 상품행동을 망라할 수 있습니다. 이 방법이라면 시간도 비용도 그다지 걸리지 않기 때문에 추천합니다.

조사에서 주의해야 할 것은, 보통은 조사 대상이 되는 상품의 사용장면만 관찰하고 끝내버리는데 그것만으로는 충분하지 않다는 것입니다.

소비자는 해당 상품만 사용하면서 생활하는 것이 아닙니다. 하루 동안 다양한 생활장면이 있고 해당 상품이 아닌 것을 사용하는 시간이 압도적으로 길 수 있습니다. 게다가 동일한 장면 안에 다른 카테고리 상품이 다수 등장합니다. 1장에서도 말했지만 전혀 다른 카테고리에 있는 상품이라도 욕구를 만족하는 측면에서는 대체나 조합이 가능합니다.

♣ 주스와 자명종 시계가 경쟁자인 이유

아침 기상 장면에서 행동기회를 찾아봅시다. 아침에 기분 좋게 일어나는 것은 소비자의 욕구입니다. 그런데 기상이 쾌적하지 않다는 미충족 상황이 있으면 이는 행동기회입니다. 그러면 기상행동을 볼까요?

아침에 일어나자마자 몸에 무리가 가지 않는 음료를 마시는 행동은 전형적인 기상행동입니다. 이 밖에 암막커튼을 걷고 창문을 열어 바깥공기를 넣거나 침대 위에서 기지개를 키는 등 여러 행동이 관찰됩니다. 음료회사라면 아침용 주스 상품을 투입할지도 모르겠습니다.

블루라이트를 발생시키는 자명종 시계는 어떻습니까? 블루라이트는 컴퓨터 모니터 등에서 나오는 파장이 짧은 광선으로 눈에 좋지 않다고 하지만 사실 이것은 아침 햇빛에 들어 있는 파장과 같습니다. 사람의 몸은 이 빛에 감응해서 기상하도록 만들어져 있습니다. 따라서 숙면을 위한 암막커튼이 오히려 아침의 자연스러운 기상을 방해할 가능성이 있습니다. 그렇게 보면 블루라이트 자명종시계는 아침용 주스를 대체하는 강력한 경쟁자가 될지도 모르겠습니다.

이처럼 단일제품이 아니라 생활장면에서 발생하는 모든 상품행동을 관찰하고 전체를 보는 것이 중요합니다.

❖ 어떻게 가지는지, 어떻게 버리는지의 관찰도 중요

또 하나 주의할 점은 사용장면만 보면 새로운 착안점을 발견하기 어렵다는 것입니다. 해당 상품을 어떻게 구입하는지, 어떻게 운반하는지, 어떻게 보관하는지 등의 행동에도 지금까지 인식하지 못했던 행동기회가 잠재해 있을 가능성이 있습니다.

요즘 잡지가 고전하고 있습니다. 인터넷이라는 강적이 출현했기 때문입니다. 이럴 때 콘텐츠로 대항하려는 제품 발상으로는 현상을 타파해 나갈 수 없습니다. 그보다는 소비자가 잡지를 어떻게 운반하는지, 행동에서 돌파구를 찾아보면 어떨까요? '여성의 작은 가방에 들어갈 정도로 작은 크기의 잡지' 같은 아이디어가 나올 수도 있습니다.

실제 최근 잡지를 원판보다 70~80% 크기로 축소 인쇄한 미니 사이즈판을 발행하는 출판사가 있습니다. 사이즈는 행동디자인적으로 매우 중요한 요소입니다. 이 정도면 가지고 다니기 부담스럽지 않은 크기라고 생각합니다.

세제나 샴푸 등에서는 내용물을 다 소진한 후의 행동, 즉 폐기, 보충 등의 행동을 보면 타사가 보지 못한 행동기회를 발견할 수 있을지도 모릅니다. 그러고 보니 폐기하기 용이한 용기나 스트레스 없이 보충할 수 있는 용기 등의 개발에 기업이 힘을 쏟기 시작한 것도 납득이 갑니다.

이처럼 사용뿐만 아니라 구입, 소유(운반, 보관), 폐기라는 일련의 과정, 즉 360도로 행동을 관찰하면 지금까지 보이지 않던 행동기회가 보입니다(그림 5-3).

소비자의 행동을 디자인하는 마케팅

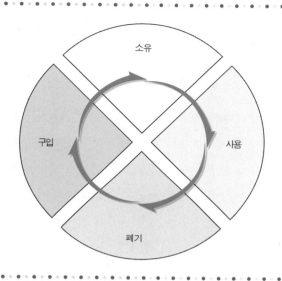

그림 5-3_ 구입·소유·사용·폐기 = 360도로 행동을 관찰한다

누구와 구입하는지, 어디에 보관하는지를 보라

　최근 쇼퍼마케팅Shopper Marketing이라는 개념의 출현으로 구매시점에서의 행동연구가 크게 진전되었습니다. 구매행동에 대해서는 참고도서가 많기 때문에 여기서 상세한 내용은 기술하지 않겠지만, 한 번의 구매행동에 실로 다양한 행동전환이 일어난다는 사실은 기억하기 바랍니다. 거기에는 아직 충족되지 않은 행동기회가 있습니다.

　그중 하나는 구매자가 쇼핑하고 있을 때 동행인이 할 일이 없어 따분해하는 상황입니다.

145

구입액은 매장 체류 시간에 비례합니다. 동행인을 기다리게 하면 구매자도 신경이 쓰여 편안히 쇼핑할 수 없으므로 구입금액이 증가하지 않습니다. 집에서 인터넷으로 느긋하게 쇼핑하는 것을 선택할지도 모릅니다. 온라인 구매가 증가하는 것은 단순히 상품구색이나 가격 때문만은 아닐 수 있습니다. 이는 오프라인 매장으로서는 기회손실입니다.

최근에는 매장통로나 광장 같은 장소에 의자를 설치해 두고 구매자가 쇼핑하는 동안에 동행인이 앉아서 기다릴 수 있도록 하는 매장이 증가하고 있는데, 정작 매장 안에 의자를 두는 곳은 그렇게 많지 않습니다. 어느 정도 고급 브랜드가 아닌 이상 귀중한 매장 공간에 판매물품이 아닌 의자를 둔다는 발상전환이 아직은 어려운가 봅니다.

❖ 구매자의 동행인에 주목한다

동행인이 매장 안에서 편안하게 의자에 앉아 "그거 잘 어울려" 등의 이야기를 구매자에게 하면 어떨까요? 구매자는 기분이 좋아서 하나 더 구입할지도 모릅니다. 특히 연배가 있는 사람은 서 있는 것이 힘들기 때문에 의자가 없는 매장에서 쇼핑에 동행하는 모습은 거의 찾아볼 수 없습니다. 이는 큰 행동기회입니다.

서점은 비교적 의자의 도입이 빨랐지만 서적은 개인적인 쇼핑이므로 동행인과 상담하고 책을 구입하는 사람은 별로 없습니다. 오히려 의류같이 동행인과 상담하면서 구입하는 상품을 판매하는 매장이야말로 행동기회를 잘 포착해야 하지 않을까라고 아내의 쇼핑에 동행할 때마다 생각합니다.

여행도 전형적인 '동행인과 상담'하는 상품입니다. 여행사에는 카운터마다 대체로 두 명분의 의자가 있습니다. 여행은 행선지 이상으로 '누구와 가는지'가 중요합니다.

이처럼 구매행동을 관찰할 때는 무엇을 구입하는지와 함께 누구와 구입하는지의 사실을 확인하는 것이 중요합니다. 동행인의 유무나 그 관계성에 따라 가는 매장이나 구입하는 상품, 즉 구매행동이 바뀌기 때문입니다.

❖ 행동기회를 발견하면 제품 개발로 이어진다

우리나라의 제조사는 제품의 품질에는 신경을 많이 쓰는데, 소비자가 제품을 어떻게 운반하는지, 어떻게 보관하는지의 행동에 관심을 갖는 기업은 그렇게 많지 않은 듯합니다.

예를 들어 휴대용 전동칫솔을 화장품 파우치에 넣고 다니는 여성이 많은데, 그렇다면 화장품 같은 패키지로 해서 더 많은 여성들이 파우치에 넣고 다니도록 하는 것이 좋지 않을까요?

치약은 어떻습니까? 여행용으로 나온 작은 것은 있지만 화장품처럼 생긴 치약은 본 기억이 없습니다. 미백효과, 구취효과 등 기능적인 측면도 중요하지만, 소비자의 운반행동을 패키지 디자인으로 촉진할 수 있으면 시장 확대를 기대할 수 있을 것이라 생각합니다.

보관에서도 때때로 불편함(미충족)을 느끼는 순간(행동기회)이 나타납니다. 소비자에게는 치약의 효과성과 동일하게, 아니 경우에 따라서는 그 이상으로 치약의 외적인 부조화의 해소가 큰 주제가 될 수 있습니다.

오늘날의 치약은 스탠드식 튜브가 일반적이지만 필자가 어릴 적에는 옆으로 뉘어두는 튜브만 있었습니다. 당시 대부분의 가정의 세면대는 그리

공간적 여유가 없고 각종 잡화가 잔뜩 놓여 있는 것이 일반적이었습니다. 바로 거기에 행동기회가 있었습니다. 치약을 눕혀두는 것이 아니라 세워두게 해서 장소효율을 좋게 하는 것입니다. 이는 이전에 어느 구강케어 회사가 제안한 행동디자인입니다.

행동디자인은 완성된 제품을 어떻게 판매할 것인가에 대한 아이디어뿐만 아니라 신제품 개발이나 제품 리뉴얼에도 활용할 수 있는 아이디어입니다.

7 고령화 사회는 사실 행동기회의 보석함

행동스위치가 켜졌는데 그것을 채워줄 적당한 제품이 없는 상황이 행동기회입니다. 그러나 행동스위치를 당사자가 항상 자각하는 것은 아닙니다. '그냥 했다', '그냥 하기 싫어서 그만두었다' 등 무의식중에 스위치가 켜지거나 미충족감을 느끼기도 합니다. 그러므로 설문조사가 아니라 행동관찰이 필요합니다.

이 무의식의 미충족감, 바꿔 말해 부조화는 어디서 오는 것일까요?

주로는 생리적 변화입니다. 예전 같으면 재미있다고 여기던 것이 어쩐 일인지 재미있게 느껴지지 않는 경우가 있지 않습니까?

생리적 변화를 가져오는 주된 요인 중 하나는 나이입니다. 50세를 넘기고 나면 급격하게 체질의 변화를 느끼는 사람이 많아집니다. 여성의 경우는 호르몬균형이 크게 변화하는 40대 후반에서 그러한 변화를 느끼는 경우가 많습니다. 인간은 태어난 순간부터 동일한 속도로 나이가 들어가는데 그 가령加齢을 강하게 실감하게 되는 나이가 50세 전후입니다.

소비자의 행동을 디자인하는 마케팅

필자의 경험으로 말하면 이전에 좋아했던 자극적인 맛의 라면을 어느 날인가부터 이전만큼 즐길 수 없다고 느끼게 되었습니다. 그래도 사람은 좀처럼 기존의 행동을 중지할 수 없는 생물이므로 일정 기간은 관성으로 먹었지만, 최근에는 담백한 라면만 먹고 있습니다.

그리고 어른이 되어서야 알 수 있는 맛도 있습니다. 젊을 때는 눈길도 주지 않았던 파, 가지, 은행, 죽순 등의 약간 쓰고 아린 맛이 있는 풍미가 언젠가부터 좋아지면서 그 참맛을 즐길 수 있게 되었습니다. 미각도 성숙해져 갑니다. 나이를 먹는다는 것이 반드시 나쁜 것만은 아닙니다.

다만 이러한 노화에 의한 변화는 본인이 인식하지 못하는(인정하고 싶지 않은 부분도 있습니다) 경우가 많습니다. 그러므로 이전의 습관을 무리를 해서라도 지속합니다.

❖ 부조화는 어디서 생성되는가?

몸을 사용하는 현장 중심의 직장의 경우, 사원식당에는 튀김같이 볼륨감이 있고 맛도 강한 메뉴가 인기입니다. 나이가 들어 별로 몸을 움직이지 않게 된 연배의 사원도 이전부터 먹어온 이런 메뉴를 선택합니다. 젊은 후배와 동석했을 때는 특히 더 그렇습니다. 그러나 무의식 속에서는 담백한 것을 먹고 싶어 할지도 모릅니다. 그렇다고 해서 갑자기 여성스러운 '헬시 다이어트 메뉴' 같은 것을 선택하지는 못합니다.

여기가 바로 행동기회입니다. 젊은 사원이 봐도 선배다운 식사로 보일 만한 볼륨이면서 칼로리나 염분을 줄인 채소 중심 메뉴를 제안할 수 있습니다. 딱 봐도 노인을 위한 소식 메뉴는 안 됩니다. 나이가 들면 누구나 그런 메뉴를 원할 것이라는 고정관념은 빨리 버릴 필요가 있습니다.

예를 들어 잘게 썬 양배추를 듬뿍 담고, 그 옆에 소량의 밥을 놓고, 밀가루를 사용하지 않고 채소로 진한 맛을 낸 카레소스를 부으면 보기에는 볼륨감이 있고 꽤 박력이 있습니다. 하지만 칼로리는 상상 이상으로 낮습니다.

부조화 상황은 노화 등과 같은 개인의 내적 변화뿐만 아니라 사회적 변화에서 생성되는 경우도 있습니다. 최근 관동關東지방*에서도 절분節分에 '콩 뿌리기'를 하는 가정보다 '기원김밥'을 먹는 가정이 많아지고 있다**는 조사 데이터(하쿠호도생활종합연구소 생활정점, 2014)가 있는데, 이는 주택환경이나 식생활의 변화에서 기인한 것입니다. 아파트의 공동복도에서 콩을 뿌리는 행동은 저항감이 있습니다. 이를 행동기회로 보고 콩 뿌리기를 대신하여 기원김밥을 제안한 것입니다. 기원김밥은 관동지방 사람들의 새로운 행동습관으로 자리 잡았습니다.

❖ 때때로 행동습관이 약해지는 순간이 있다

특히 세대교체는 이러한 부조화 상황을 가속시킵니다. 패션 스타일은 알기 쉬운 예입니다.

---

* 일본의 지역구분 중 하나. 도쿄를 중심으로 주변 여섯 개의 현(이바라키, 도치기, 군마, 사이타마, 지바, 가나가와)으로 구성되어 있는 지역을 가리킨다.

** 일본에서는 절분節分(세쓰분, 입춘 전날)에 귀신은 쫓아내고 복을 부른다는 의미로 행사가 열리는데, 내용은 지역마다 다르다. 관동지방은 주로 콩 뿌리기를 하고, 오사카를 중심으로 하는 관서지방은 김밥을 두껍게 말아 자르지 않고 입으로 베어 먹는다. 세븐일레븐이 '기원김밥'이라는 명칭으로 판매한 것이 계기가 되어 전국으로 확산되었다.

예를 들어 셔츠는 바지 위에 내어 입고, 양복은 상의가 짧고 바지는 폭이 좁은 것이 현재의 표준입니다. 이러한 트렌드에 위화감을 느끼는 순간이 행동기회입니다.

'자신의 스타일이 시대에 뒤떨어진다고 느낀다. 그러나 요즘 스타일로 바꾸는 것도 쉽지 않다. 체형적으로도 무리가 있다.'

이러한 상황이야말로 세대교체의 중간지점에 있는 사람들에게 행동디자인을 제안할 절호의 기회인 것입니다.

오랫동안 지속해 온 행동습관은 매우 견고한 바위 같습니다. 쉽게 중지하거나 바꾸지 않습니다. 그러나 세대교체나 가령加齡 등과 같이 어떤 시점에서 그 행동습관이 약해지는 순간이 있습니다. 거기가 행동기회입니다.

향후 고령화 사회에서는 노인 세대를 타깃으로 마케팅하지 않으면 비즈니스를 유지할 수 없을 것입니다. 그들은 생리적 변화, 사회표준의 변화 속에서 다양한 미충족감을 느끼고, 그로 인한 부조화 상황은 확대되어 갈 것입니다.

또한 체력이나 운동능력이 떨어지기 때문에 에너지가 필요한 새로운 행동을 유발하는 것이 쉽지 않은 세대이기도 합니다. 여기가 바로 행동디자인이 필요한 상황입니다.

6장
행동디자인 설계법
—— 6단계

이 장에서는 지금까지 부분적으로 살펴본 행동디자인 내용을 통합하여

어떻게 마케팅 계획을 수립해 가는지 그 흐름을 소개하겠습니다.

여기서의 키워드는 '모든 것을 행동으로 생각'하는 것이며,

설계는 여섯 단계로 진행됩니다.

1 마케팅의 전부를 행동으로 생각한다

앞서 구입부터 소유, 사용, 폐기까지 전방위적으로 행동을 관찰하면 인식하지 못했던 제품 개발의 힌트를 얻을 수 있다고 말했습니다.

마찬가지로 제품 개발과 관련한 마케팅의 4PProduct, Price, Place, Promotion도 행동으로 생각할 수 있습니다(그림 6-1).

우리 같은 광고회사는 지금까지 4P 중에서 프로모션(광고·판촉·홍보활동 등의 총칭)에만 관여해 왔습니다. 어떤 제품을 만들지, 가격을 얼마로 정할지, 어떻게 유통시킬지는 광고회사가 개입할 수 없는 부분이었고, 그들 전부를 결정한 뒤에야 어떻게 프로모션할지를 생각하는 것이 일반적인 순서였습니다. 이는 제품 발상입니다.

마케팅을 제품 발상에서 행동 발상으로 전환한다면 상품에서도 가격에

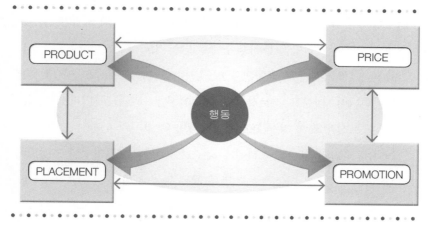

그림 6-1_ 마케팅의 4P에 행동 발상을 주입하다

서도 유통에서도 '사람을 움직이게 하는 장치'를 생각해야 합니다.

예를 들면 '나도 모르게 집어 들게 하는 제품디자인'인지, '나도 모르게 둘러보게 되는 매장'인지, '구입하기 쉬운 가격'인지 등의 검증이 꼭 필요합니다. 그러려면 4P의 각 요소마다 행동디자인에 의거한 검증과정이 필요합니다.

'이렇게 하면 정말 사람들이 행동할까?'라고 자문해 보고 그에 따른 해결책을 강구하면서 4P 전체에 행동디자인을 설계해 넣을 수 있으면 반드시 '행동(구입)'이라는 결과가 따라올 것입니다. 실제 우리 연구소도 이제 프로모션에만 머물지 않고 4P 전체에 행동디자인을 설계하기 시작했습니다.

❖ 여행상품의 4P를 행동으로 디자인한 사례

여행이라고 하는 상품은 상품이라고 해도 무형이므로 유형의 제품에 비해 광고회사가 개입하기 쉬운 카테고리입니다. 우리 연구소가 관여한 '태국사람들에게 일본여행을 하도록 하자' 캠페인(관광청 'JAPAN QUEST / 300Missions')은 태국 현지에서 광고를 집행했을 뿐만 아니라 36개의 태국여행사와 연계하여 기획형 일본여행 상품을 만들기도 했습니다.

여행을 생각할 때 가장 중요한 것은 당연히 '거기에 가보고 싶다'고 하는 동기부여입니다. 여행은 정보상품이므로 어떻게 그것을 매력적으로 제시할까, 가보고 싶게 할까 하는 프로모션이 생명입니다.

그러나 아무리 잘된 프로모션이라 해도 가격이 높고 편리성이 조성되어 있지 않거나 여행사가 적극적으로 팔지 않는 등의 장벽이 있으면 최종적으로 여행행동은 발생하지 않습니다. 즉, 4P 전체가 잘 맞아떨어지지 않으면 안 되는 것입니다.

태국인을 대상으로 한 이 캠페인은 대성공을 거두어 2014년 태국 관광객은 65만 명으로 전년 대비 20만 명이나 증가했습니다. '일본에서 도전하고 싶은 300개의 미션'이라는 슬로건으로 관광정보를 상세히 발신한 캠페인이 많은 태국사람들에게 자극을 주었지만, 그것만으로 이 정도까지 여행객이 모일 것은 바랄 수 없었을 것입니다.

사실은 현지 여행사가 그 슬로건에 맞춰 미션에 해당하는 여행상품(이를 테면 '교토에서 본고장의 말차빙수를 먹자', '나룻배를 타고 사도佐渡의 바다를 건너자' 등)을 구성하고 적극적으로 판매한 것이 효과가 있었다고 생각합니다.

이 300미션이라고 하는 캠페인 자체가 여행을 '어디로 갈까 = 지명'으로 생각하던 기존의 발상에서 '거기서 무엇을 할까?'를 생각하는 행동 발상으로의 전환인 것입니다. 이러한 발상전환이 여행사를 포함한 태국사람들을 움직였던 것입니다.

마케팅의 4P마다 행동디자인을 설계하는 사례가 아직은 그렇게 많지는 않지만, 앞으로는 '모든 것을 행동으로 생각하는 마케팅'이 조금씩 증가해 갈 것입니다. 왜냐하면 이렇게 소비행동이 성숙·포화한 시대에 제품의 매력만으로 시장을 돌파할 수 있는 상품은 이제 나오기 힘들기 때문입니다.

2 행동디자인 설계법──6단계

일반적으로 마케팅 계획은 어떻게 수립해 가나요? 우선 과제가 무엇인지, 무엇을 해결하지 않으면 안 되는지부터 생각할 것입니다. 그러나 행동으로 마케팅 계획을 세울 때는 출발이 좀 다릅니다.

시작은 '행동목표의 설정'입니다.

행동목표란 고객의 행동량(1인당 행동량×획득인원 수)을 얼마만큼 획득할지에 대한 목표치입니다. 즉, 몇 명의 사용자가 어느 정도의 빈도로 어떤 행동을 하게 할까 하는 내용을 정합니다.

이를 시작으로 행동디자인의 설계는 크게 여섯 단계로 진행됩니다.

➲ 1단계: 얼마만큼 움직이게 할 것인가 = 행동목표를 설정한다

➲ 2단계: 누구를 움직이게 할 것인가 = 타깃을 정한다

➲ 3단계: 언제, 어디서 움직이게 할 것인가 = 행동관찰을 통해 행동기회를 발견한다

➲ 4단계: 무엇으로 움직이게 할 것인가 / 왜 움직이는가 = 행동을 유발하는 장치를 설계한다

➲ 5단계: 어떻게 움직이게 할 것인가 = 전체 시나리오를 구축하고 실행한다

➲ 6단계: 정말 움직인 것인가 = 성과를 평가하고 PDCA를 확인한다

❖ 1단계~4단계를 동시에 설계한다

1단계 전, 즉 행동목표를 설정하기 전에 이미 타깃이 정해져 있는 경우도 있습니다. 그렇게 되면 해당 타깃이 어떤 행동을 하는지를 보고 행동목표를 설정합니다. 이렇듯 실제 실행에서는 1단계와 2단계의 순서가 뒤바뀌는 경우도 있고, 단계를 왔다 갔다 하면서 검토해 가는 것이 보통입니다.

3단계인 행동관찰에 관해서는 앞 장에서 많이 설명했습니다. 타깃이 정해

지면 그다음은 그들의 일상행동을 철저히 관찰하고 거기에서 행동기회를 발견합니다.

발견한 행동기회를 살리기 위해 무엇을 어떻게 하면 좋을지를 생각하는 것이 4단계입니다. 이는 행동디자인의 핵심이 되는 아이디어를 고안하는 단계로, 행동디자인 설계의 절정 부분입니다(4단계에 관해서는 7장에서 상세히 설명하겠습니다). 4단계는 1단계~3단계를 제대로 수용한 설계가 아니면 기능하지 않습니다. 따라서 1단계~4단계를 동시에 설계하는 것이 좋습니다.

❖ 5단계 : 전체 시나리오를 구축하고 실행한다

5단계는 타이틀에서 알 수 있듯이 4단계에서 설계한 장치를 전체 마케팅 시나리오 안에 어떻게 녹이고, 거기에 어떻게 사람을 불러들이고, 이를 어떻게 공유·확산시킬지를 생각하는 실행 단계입니다.

여기서 중요한 것은 일관성입니다.

설계 단계에서 아무리 통합적인 전략을 설계해도 실행 단계에 들어서면 업무가 분리되어 독립적으로 운영되기 쉽습니다. 담당자나 부서가 나뉘는 경우도 많을 것입니다. 동일한 캠페인 심벌이나 메시지를 사용해도 콘셉트에 일관성이 없는 플랜이나 툴이 혼재하는 상황도 적지 않습니다. 결과적으로 각자의 사정이나 상황에 따라 본래의 설계와는 동떨어진 실행을 하게 됩니다. 실행 단계에서 일관성을 계속 유지하기란 사실 매우 어려운 일입니다.

그렇게 되지 않기 위해서는 가능한 한 설계를 심플하게 할 필요가 있습니다. 누구를 타깃으로 하는지, 그들이 행동을 하는 계기가 무엇인지 등을 중심으로 일관성 있는 심플한 시나리오를 설계하는 것이 5단계의 요제입니다.

그렇다고 너무 일관성에 치우치게 되면 획일적으로 표현을 고정하는 역효과가 발생할 수 있습니다. 소비자의 행동이나 의식은 그때그때의 생활장면에 따라 조금씩 달라집니다.

그런 의미에서 보면 다양한 마케팅 접촉점에서 만나는 모든 툴이 동일한 비주얼, 동일한 카피로 되어 있는 것이 오히려 부자연스러울지도 모르겠습니다.

일관된 시나리오 안에서 장면마다 최적의 표현을 연구하고, 타깃이 확실하게 행동하도록 하고, 그 행동이 다음 행동으로 이어지도록 하는 아이디어가 필요합니다.

❖ 6단계 : 성과를 평가하고 PDCA를 확인한다

6단계도 타이틀대로 성과를 평가하고 PDCA 사이클을 확인하는 단계입니다. PDCA는 Plan, Do, Check, Action의 머리글자로 '계획 - 실행 - 반성 - 개선'을 반복하는 관리 사이클을 말합니다.

행동디자인의 성과를 평가하는 척도는 1단계에서 설정한 행동목표의 달성도입니다. 목표대로 행동량이 생성되었는지, 생성되지 않았다면 무엇이 문제였는지, 애초에 설정한 행동목표치가 타당했는지, 너무 높은 목표가 아니었는지를 돌아보고 검토하는 것이 중요합니다.

5단계, 6단계는 대상이 되는 제품 카테고리·업종에 따라 세부적인 차이가 매우 크기 때문에 상세한 설명은 생략하겠습니다.

소비자의 행동을 디자인하는 마케팅

3 1단계: 얼마만큼 움직이게 할 것인가 —행동목표를 설정한다

마케팅 실행의 일관성을 담보하기 위해서는 그 마케팅을 무엇 때문에 하는지 목표의 명시와 공유가 필요합니다. 행동목표를 설정하는 것은 그 때문입니다.

마케팅의 개별시책이 목표한 행동량 획득에 기여할 수 있는지를 매번 확인하면 전체 마케팅 방향에서 크게 벗어나는 경우는 없습니다. 행동목표가 개별시책의 타당성, 일관성을 판단하는 기준이 되기 때문입니다.

마케팅 계획을 세울 때 대부분의 경우 매출, 성장률, 점유율, 이익률 등의 목표를 설정합니다.

그중 광고는 이러한 목표에 직접적으로 연관되지 않는, 이를테면 인지도

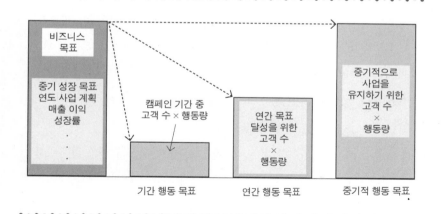

그림 6-2_ 행동목표

등의 지표가 목표로 설정되는 경우가 많았습니다. 그러나 이는 확성기로 소리를 크게 지르면 제품이 팔렸던 시대의 마케팅입니다.

카테고리에 따라서는 지금도 광고탄력성이 높은, 즉 인지도와 점유율 간에 일정의 상관관계가 있는 것도 있지만, 이는 매우 제한적입니다. 앞으로의 시대는 마케팅 목표에서 역산하여 치밀하게 마케팅 계획을 세우고 필요 최소한의 광고를 집행하는 보수적인 접근법이 요구되고 있습니다.

그때 마케팅 목표는 고객행동에 기인한 행동목표가 됩니다.

✤ 행동목표를 설정하는 방법

예를 들어 치약의 행동목표를 설정해 봅시다.

연간 매출 50억 엔의 범용 브랜드가 있다고 가정합니다. 올해 목표는 매출을 110%, 즉 55억 엔으로 올리는 것입니다. 그리고 연말 수요기(매년 연말에 구강케어제품을 묶음 구매하도록 매장행사를 실시)에 맞춰 1개월간 프로모션이 계획되어 있다면 이 기간의 행동목표는 어떻게 설정하면 좋을까요?

올해는 작년보다 5억 엔이 더 증가되었으므로 1개월분의 목표금액은 5억 엔의 1/12인데, 수요기이므로 알기 쉽게 10%, 0.5억 엔으로 상정합니다. 치약 가격이 330엔이라고 했을 때 0.5억 엔이면 약 15만 개, 즉 연말 1개월에 작년보다 15만 개를 더 팔지 않으면 안 됩니다.

한 사람이 한 개를 구입한다고 본다면 15만 명의 신규 고객을 획득해야 합니다. 그러면 15만 명의 타 브랜드 사용자에게 이때만 브랜드 전환을 하도록 유도하는 것이 행동목표가 됩니다. 만약 기존 고객을 대상으로 한다면 기존 고객 15만 명에게 한 개 이상 구입하도록 하는 것이 행동목표가 됩니다.

2단계: 누구를 움직이게 할 것인가
── 타깃을 정한다

좀 전의 치약 예시를 이어서 가겠습니다.

이제 타깃이 출현합니다(우리가 예시로 보는 치약은 특정 연령·성별 없이 범용으로 쓰는 제품입니다). 연말 1개월간 우리 브랜드로 전환해 줄 것 같은 타 브랜드 사용자는 어떤 사람일까요?

치약은 음료만큼 헤비 유저와 라이트 유저의 차이가 존재하지 않지만(1회당 사용량도 양치질 횟수도 성인이라면 거의 동일), 굳이 말하면 회사에서 점심시간 후에 이를 닦는 사람이 구입 빈도가 높다고 할 수 있습니다. 또는 가족 모두가 같은 치약을 사용한다면 당연히 구입 빈도가 높습니다.

구입 빈도가 높은 고객이 매장에 자주 오고 카테고리 관여도가 높다고 볼 수 있습니다. 따라서 구입 빈도가 높은 사람이 타깃이 됩니다. 이것이 속성이 아니라 '행동으로 타깃팅'하는 행동디자인적인 타깃 설정입니다.

❖ 가장 행동해 줄 것 같은 타깃은 누구인가?

가족이 같은 치약을 사용한다면 이들은 어떤 사람들일까요? 나이가 들어감에 따라 부부는 각자 자기 전용 치약을 사용하는 경향이 있는 것 같습니다. 구강케어에 대한 필요성이 두드러지는 나이지만 개인차가 있기 때문입니다. 자녀도 사춘기가 되면 부모와 함께 치약을 같이 쓰는 것을 싫어할 수 있습니다. 반대로 자녀가 너무 어리면 성인과 동일한 것을 사용할 수 없습니다. 가족이 같은 치약을 사용하는 가정은 대략 미취학~초등학생 자녀가 있는 30~40대 부부 세대일지도 모릅니다. 그러면 그들 중 15만 명(세대)을 어떻게 움직이게 할 수 있을까요?

이번에는 직장에서 자주 이를 닦는 사람을 타깃으로 할 경우를 봅시다. 집에 한 개, 회사에 한 개 구비하는 것으로 수요를 배증할 수 있는 타깃입니다.

그들은 구강케어 의식이 높은 사람일 것입니다. 자기 전용 치약을 가지고 있으며 신제품에도 관심이 있습니다. 동일하게 구입 빈도가 높은 사람이라고 해도 가족보다 이들이 더 우리 치약에 마음이 움직일 가능성이 있을 수 있습니다.

그들은 어떤 사람일까요? 사무실에서 일하는 여성은 점심식사 후에 양치질하는 경우가 많습니다. 남성은 어떻습니까? 외관에 신경 쓰는 젊은 세대와 치주병이 신경 쓰이는 중년 중 어느 쪽이 직장에서 자주 양치질을 할 것 같습니까? 15만 명을 끌어들이려면 어느 쪽이 더 쉬울까요?

또 다른 방법은 기존 고객을 대상으로 한 번에 두 개를 구입하도록 하는 것입니다.

이 제안에 움직이는 고객은 대개 가격지향이 강한 사람들입니다. 득이 되는 제안이 아니면 두 개를 한꺼번에 구입하지 않습니다. 그런데 문제는 두 개를 구입한다고 해도 사용량이 특별히 증가하지 않는다는 것입니다. 일시적으로 구입률과 점유율이 상승할지는 모르지만 수요를 먼저 당겨왔을 뿐입니다. 따라서 기존 고객을 대상으로 110%의 목표를 달성하기는 어려울 것 같습니다.

이처럼 행동목표를 기준으로 누구를 타깃으로 해야 그 목표를 달성할 수 있는지를 생각하는 것이 2단계입니다.

실제 설계 단계에서는 타깃을 고민하는 동안에 1단계로 다시 돌아가 행동목표를 재설정하는 경우도 있습니다. 특히 1단계~4단계까지의 단계는 절대 역순해서는 안 되는 순서가 아닙니다. 보다 믿을 수 있는 전략 시나리오가 될 때까지 몇 번이고 단계를 왔다 갔다 하면서 1단계에서 4단계까지의 타당한 조합을 찾는 것이 이상적인 작업입니다.

5 2단계 [보충] : 행동으로 타깃 설정

타깃을 속성이 아니라 행동으로 설정하는 행동디자인의 특징에 대해 좀 더 보충 설명을 하겠습니다.

'타깃을 더 좁혀라', '명확한 타깃 설정이 중요하다'는 등의 말을 자주 들어보았을 것입니다. 예산이 한정되어 있으므로 효율이라는 관점에서는 누구를 향해 마케팅을 투하할 것인지, 반대로 누구는 무시할 것인지의 선택과 집중이 필요합니다.

행동디자인에서도 타깃을 정하는 과정은 중요합니다. 누구의 어떤 행동을 통해 목표한 행동량을 확보할지를 사전에 상정해 두지 않으면 계획을 세울 수 없기 때문입니다.

다만 여기에서 유의할 것은 그 타깃이 어떤 사람인지 내면적·심리적인 의식이나 가치관에 너무 파고드는 것은 의미가 없습니다. 그 이유는, 반복해서 말하지만 의식이 행동량이나 행동패턴과 반드시 상관관계에 있는 것은 아니기 때문입니다.

❖ 타깃을 행동량이나 행동패턴으로 세분화

행동량에서 중요한 것은 타깃이 어느 정도의 양을 어느 정도의 빈도로 소비하는지에 대한 정보입니다. 가치관이 달라도 소비행동의 패턴이 동일하다면 굳이 타깃을 나누지 않아도 됩니다.

반대로 동일한 가치관의 사람들이라도 소비량이 많지 않다면 그들을 하나의 타깃층으로 묶는 것은 의미가 없습니다. 가치관이 정말 행동의 양이나 패턴과 관계가 있는지 살펴볼 필요가 있습니다.

우리가 제안하는 것은 행동으로 고객을 타깃팅하는 것입니다. 그 이유는 가치관은 눈에 보이지 않지만 행동은 눈에 보이는 객관적 사실이기 때문입니다.

그림 6-3처럼 전체 사용자를 행동량(카테고리행동 × 브랜드행동)으로 세분화하면 그중에서 어느 셀을 타깃으로 할 것인지의 논점이 명확해집니다.

다만 타깃을 너무 한정하면 필요한 행동량이 부족할 수 있으므로 주의가 필요합니다. 예를 들어 커피 카테고리의 경우 커피를 많이 마시고 자사 브랜드를 자주 구입하는 사람이 가장 이상적인 타깃이 됩니다. 그러나 실제로는 해당 셀에 들어가는 타깃 수가 전체 중에서 그렇게 많지 않은 것이 보통입니다. 그들에게 한두 잔 더 마시도록 한다고 해도 필요한 행동량에 이르지 못할 가능성이 있습니다.

행동량에 의한 구분 외에도 신규 고객(미구입 고객), 재구매 고객(기존 고객), 휴면 고객 등 구매경험으로 세분화하는 것도 가능합니다. 이것도 행동에 의한 구분이므로 행동디자인적으로는 의미가 있는 타깃팅입니다.

구입 빈도가 높은 상품일 경우는 채널에 의한 구분도 의미가 있습니다.

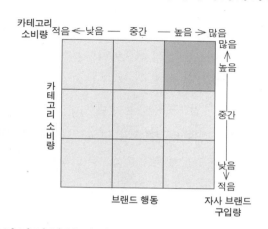

그림 6-3_ 사용자의 아홉 개 셀

슈퍼마켓, 드러그스토어drug store, 편의점 등의 채널에 따라 구입단가가 달라지는 경우가 있기 때문입니다.

✤ 속성정보는 어디까지나 참고정보

일반적으로 자주 사용하는 타깃 세분화 방법은 '20~30대 여성'이라든가 '미취학 아동이 있는 가족' 등과 같은 속성에 의한 구분일 것입니다. 이런 구분의 장점은 타깃의 특성을 이미지하기 쉽다는 것입니다. 단, 연령별이나 성별로 소비량(행동량)을 특정할 수 있는(또는 앞의 구강케어같이 연령·성별에서 소비량의 차이가 별로 없는) 제품 카테고리일 경우입니다.

같은 20~30대 여성이라도 이를테면 술을 많이 마시는 사람과 거의 마시지 않는 사람과는 일상의 행동패턴이 다릅니다. 구입 채널도 다를지 모릅니다.

그런데 이들을 속성만으로 같이 묶어버리면 이는 진정한 의미의 세분화가 아닙니다. 우선 이들의 행동량의 측정이 어렵고, 행동패턴이 다르기 때문에 아무리 마케팅을 투입해도 반응률이 나빠질 가능성이 있습니다.

우리 연구소는 행동량으로 타깃을 세분화하고, 그 안에서 타깃층의 특징을 분석하고, 그 특징을 연령, 성별 등의 속성으로 파악하는 2단계 분석을 주로 합니다. 앞서 치약의 사례에서 설명한 것이 이 방법입니다. 무엇을 어느 정도 사용하고 있는지, 그 행동량의 차이로 타깃을 세분화하는 것이 중요하며 속성정보는 참고정보라고 보면 됩니다.

지금까지 매스마케팅에서 속성에 의한 타깃 세분화가 일반적이었던 이유는 매스미디어의 타깃이 속성으로 나뉘어 있기 때문입니다. 나이에 따라 보는 TV프로그램이나 시간대가 다르고 자주 보는 잡지도 다릅니다.

전달하는 것, 알리는 것이 목적인 마케팅에서는 속성에 의한 세분화가 큰 의미를 가지고 있습니다. 그러나 행동을 유발하는 것이 목적이라면 어떤 매체를 보는지보다 어떤 유통채널에서 어느 정도 구입하는지의 정보가 더 중요합니다.

6 2단계 [보충의 보충] : 페르소나를 만드는 것은 무엇 때문인가?

훨씬 이전의 마케팅에서는 타깃 세분화라고 하면 객관적인 속성구분(성별, 연령, 거주지, 직업, 연수입, 학력, 기혼·미혼, 자녀나 동거가족의 유무 등)뿐이었습니다. 그런데 언젠가부터 '심리적·가치관별 세분화가 아니면 의미가 없다'는 식으로 변화되기 시작했습니다. 1970년대 후반에서 1980년대 초반 즈음이었다고 생각합니다.

그 배경에는 '가치관의 다양화'라고 하는 소비자의 변화와 매스마케팅의 포화가 있었습니다. 모두가 동일한 꿈과 욕망을 가지고 있던 시대가 끝나 간다는 신호였습니다.

그리고 서서히 가치관이나 라이프스타일로 타깃을 세분화하고 각각의 기호에 맞는 소규모 상품라인을 갖추는 것이 마케팅의 표준이 되어갔습니다.

그렇게 해서 시장이 커진 시기도 있었지만, 지금은 그 같은 소규모 시장을 전부 합해도 전체 시장이 정체 또는 축소 경향에 있는 카테고리가 많습니다.

그렇다고 넓은 범위로 타깃을 확대하면 더 정교하게 타깃 세분화한 경쟁 상품이 시장에 파고들어 옵니다. 타깃을 더욱 명확하게 구분해야 한다는 타깃 전략의 논거는 이 같은 경쟁환경 때문입니다. 타깃을 라이프스타일로 상세하게 묘사하는 '페르소나'라는 방법이 출현한 것도 이러한 시대적 배경을 두고 있습니다.

페르소나란 불특정 다수의 소비자 이미지를 마치 실재하는 한 사람처럼 생생하게 묘사한 것입니다.

❖ 페르소나에 잠재되어 있는 과제

페르소나가 유효하다는 논거는 타깃 이미지를 공유하기 쉽다는 것입니다. 연령 등의 속성 구분만으로 다 묘사할 수 없는 타깃의 내면을 마치 드라마 주인공처럼 생생하게 그리면 그 페르소나가 실제의 인물처럼 여겨집니다.

요즘에는 이전처럼 단순히 연령·연대로 구분하는 것보다 가치관을 중심으로 한 타깃의 묘사가 더 설득력이 있습니다. 페르소나를 만드는 사람이 타깃과 세대가 다르다고 해도 타깃을 리얼하게 그려준다면 페르소나는 도움이 되는 정보입니다.

그런데 여기에는 함정이 숨어 있습니다.

페르소나는 해당 타깃이 평소 어떤 생활을 하고 있는지에 대한 생활의식 조사를 토대로 합니다. 그런데 그것만으로는 내용이 무미건조하여 드라마틱한 스토리가 되지 않는 경우가 많습니다. 그래서 페르소나를 만드는 사람의 상상력이 발휘됩니다. 페르소나는 점점 단순한 타깃의 사실적 묘사가 아니라 이상적인 고객상으로 승화해 갑니다.

예를 들어 30대 여성을 타깃으로 한 페르소나라면 대체로 '센스가 좋고 잘난 척하지 않으면서 주변에 휩쓸리지도 않고 자신의 정체성을 명확히 가지고 살아간다'는 식이 됩니다. 또는 '요가 교실에 다니고 허브를 기르고 마음에 맞는 친구와 자주 카페에 간다' 등의 이미지를 그리고 있습니다. 이는 '이렇게 멋진 여성이 우리 브랜드의 사용자가 되어준다면 좋겠다'는 제조사의 소망을 반영하는 것입니다.

브랜드 이미지를 구축하는 과정에서 이 같은 이상적인 고객상을 묘사하는 것에 대해 비난할 생각은 없지만, 문제는 그러한 고객상의 설정이 실제로 사람을 움직이게 하는 마케팅에 어떻게 도움이 되는가 하는 점입니다.

그렇게 그려진 가치관이 행동량이나 행동패턴과 관계가 없으면 그 정보는 무의미합니다. 우리가 공유해야 하는 것은 해당 **타깃의 행동량**이나 행동

소비자의 행동을 디자인하는 마케팅

빈도입니다.

❖ 페르소나에 행동개념을 부가한다

페르소나의 또 하나의 과제는 그렇게 그려진 사람으로 타깃을 정했을 때 그 타깃층이 충분한 수가 되는지의 평가를 하지 않는다는 점입니다. 만약 부족하면 다른 가치관의 사람을 타깃으로 추가해야 합니다. 그러면 그 페르소나는 다수의 다른 가치관을 가지게 되는데, 과연 유효하다고 할 수 있을까요?

우리 연구소는 페르소나를 만들 때 '해당 카테고리를 어느 정도의 빈도로 얼마나 사용하는지, 그 배경에 개인 또는 가정의 어떤 상황이 있는지'에 중점을 둡니다. 즉, 행동적 요인(예를 들어 운동을 하기 때문에 수분섭취량이 다른 사람보다 많다, 나이가 들어 식욕이 없고 밥을 많이 남긴다, 손자를 위해 냉장고에 언제나 요구르트를 넣어둔다 등)이 중심이 됩니다. 이를 '행동 페르소나'라고 불러도 좋겠습니다.

이처럼 페르소나를 그릴 때에도 행동을 바탕으로 생각하는 것이 행동디자인의 독특함입니다.

7 3단계: 언제, 어디서 움직이게 할 것인가 — 행동관찰을 통해 행동기회를 발견한다

타깃 설정은 행동목표를 달성하는 데 매우 중요한 단계이므로 2단계에 대해 조금 더 지면을 할애해서 설명했습니다.

다음은 타깃의 행동을 관찰하고 거기에서 행동기회를 발견하는 순서인데, 이 행동관찰과 행동기회에 대해서는 앞서 5장에서 상세히 설명했으니 여기서는 생략하겠습니다.

행동기회는 타깃마다 개별성이 있기 때문에 성별이나 연령, 라이프스타일 등의 참고정보가 필요합니다. 그들의 어떤 의식(잠재의식을 포함)이 어떤 행동으로 이어지는지, 또는 어떤 행동을 하고 싶은데 그것이 충족되지 못하고 있는지를 관찰하고 거기서 지금까지 발견하지 못한 '파고들 곳'을 찾는 것이 3단계의 작업입니다.

이다음이 드디어, 발견한 행동기회를 살리기 위해 무엇을 어떻게 하면 좋을지를 생각하는 4단계입니다. 행동디자인의 중심이 되는 아이디어를 기획하는 단계입니다.

8 4단계: 무엇으로 움직이게 할 것인가/ 왜 움직일까 — 행동을 유발하는 장치를 설계한다

4단계는 행동디자인을 설계하는 중심부입니다.

여기서 먼저 전제되어야 할 것은 마케팅의 중심시책 안에 타깃이 행동하고 싶어지는 장치, 즉 '행동유발장치'를 마련해야 한다는 것입니다.

물론 광고로 행동을 유발한다는 접근법도 있습니다. 그러나 오늘날에는 광고메시지가 도달되었다고 해도 행동까지 환기되지 못하는 상황이 많아지고 있습니다. 실제 행동을 유발하는 장치가 필요합니다.

어떤 장치에 얼마만큼의 타깃이 반응하고, 어느 정도 행동을 유발하는지, 그 장치가 현실성이 있는지 등의 관점에서 행동유발장치의 아이디어를 생각해야 합니다.

행동유발장치란 어떤 것일까요? 우선 기존에 실시해 온 프로모션 활동의 대부분은 행동유발장치를 가지고 있습니다. 샘플 제공, 이벤트, 경품 행사 등은 전부 행동유발장치가 됩니다.

❖ 행동유발장치는 다양하게 만들 수 있다

물론 프로모션에만 행동유발장치가 있는 것은 아닙니다. 앞서 소개한 쿨비즈 같은 홍보활동은 범국민적 운동으로 내세워 '넥타이를 하지 않는' 행동을 이끌어냈습니다. 홍보도 운용에 따라서는 화제만 일으키고 끝나는 것이 아니라 행동을 이끌어내는 것까지도 가능합니다.

잘 만들어진 웹사이트나 애플리케이션도 행동유발장치가 됩니다. 사용자가 따라할 수 있는 재미있는 행동을 온라인에 올려두면 그것을 똑같이 흉내 내어 동영상 사이트에 올리는 사람들이 있습니다. 만약 그 행동이 파급되어 간다면 온라인 동영상도 행동유발장치입니다.

패키지 등 상품의 일부나 계절 한정상품 등 상품 자체가 행동유발장치가 되는 경우도 종종 있습니다. 소매업에게 매장은 그 자체로 구매행동을 유발하는 장치가 됩니다. 최근에는 제조업체가 자사 제품을 직접 판매하거나 체험하게 하는 기간 한정의 매장을 번화가에 출점하기도 하는데, 이것도 대표적인 행동유발장치입니다.

행동유발장치의 개요와 만드는 방법에 대해서는 다음의 7장 '행동을 유발하는 장치'에서 상세히 보도록 합시다. 여기서는 그것의 효과성(사람을 실제 움직이게 하는 힘)을 담보하는 의미에서 왜 그 장치로 사람이 움직이는지에 대한 것부터 먼저 설명하겠습니다.

9 4단계[보충]: 왜 움직일까? 사람을 행동하게 하는 '혈자리'가 있다

이 원고를 작성하고 있을 때 축구 국가대표 경기가 있었습니다. 우리나라가 첫 골을 넣는 순간 나도 모르게 박수를 치면서 자리에서 일어났습니다. 치밀하게 머리로 생각하고 뇌의 지령으로 그렇게 했다고는 생각하지 않습니다. 순간적으로 몸이 반응한 것입니다. 보통 때는 바퀴 달린 의자에 앉은 채로 이리저리 구르면서 이동할 정도로 게으른 나에게 이런 순발력이 있었는지 놀랍습니다. 이것은 대체 무엇일까요?

우리 연구소는 이처럼 '자기도 모르게 행동하는 상황'에는 어떤 공통성이 있을 것이라고 생각합니다. 그것을 마케팅에 도입하면 사람을 움직이게 하는 힘이 될 것이라고 보았습니다. 우리는 그것을 '행동디자인의 혈자리'라고 부릅니다.

혈자리는 말 그대로 동양의학이나 침구鍼灸에서 말하는 경혈을 말합니다. 그 혈자리를 자극하는 순간 몸이 반응한다는 의미에서 가져온 것입니다.

광고는 일반적으로 카피를 읽도록 하는 것이 많으므로 문화적 배경을 공유하지 않으면 의미가 통하지 않습니다. 카피를 읽을 수 있다고 해도 타 문화의 사람에게는 그것의 진정한 재미나 함축된 의미까지는 전달되지 않습니다. 배우를 기용하는 광고도 마찬가지입니다. 국제적인 헐리웃 스타는 그렇다 해도 기본적으로는 해당국가의 문화 가운데 존재하기 때문에 모두에게 동일한 인상을 주는 것은 아닙니다.

이에 반해 우리 연구소가 수집·분석하고 있는 '혈자리'는 보다 보편성이 있는 자극입니다. 희로애락 등의 감정이나 그 감정을 생성하는 뇌구조는 인류 공통입니다. 혈자리는 개별문화를 초월한 인류 공통의 감정과 이어져 있습니다. 그러므로 시대(트렌드)나 사회(문화)에 좌우되지 않는 일반성과 재현성을 가지고 있다고 할 수 있습니다.

❖ 귀속의식이라는 혈자리를 자극하면 움직인다

축구를 좋아하는 것도 아니고 특정 선수의 팬도 아니면서 필자를 순간적으로 일으켜 세웠던 것은 바로 국가대표, 즉 국가라고 하는 공동체에 대한 귀속의식입니다. 여기에서 도출되는 것이 '귀속의식'이라고 하는 혈자리입니다.

귀속의식에는 애국심, 향토애, 애사정신, 모교애, 가족애 등 다양한 종류가 있습니다. 여기에는 동기부여가 강하게 존재합니다. 그 동기부여를 마케팅에 활용하면 사람을 반응하게 하고 움직이게 하는 힘이 됩니다.

귀속의식 중 하나인 애국심을 잘 활용한 행동디자인 사례를 소개하겠습니다.

루마니아에 'ROM 초콜릿'이라는 오래된 브랜드가 있습니다. 국기를 패키지 디자인으로 사용하는 만큼 루마니아에서 가장 대중적인 초콜릿입니다.

어느 나라에서나 오래된 브랜드는 브랜드 선도가 퇴색하고 젊은 세대로부터 외면당하는 경우가 많은데 바로 이 ROM 초콜릿도 그러한 상황이었습니다. 게다가 미국에서 건너온 수입브랜드가 젊은 사람들의 인기를 얻게

그림 6-4_ ROM 초콜릿

되자 ROM 초콜릿은 쇠퇴 위기에 놓이게 되었습니다. 그때 제조사가 고안한 것이 ROM의 패키지를 미국 성조기 디자인으로 바꿔버리는 대담한 시책이었습니다.

"요즘 젊은 사람들은 미국 수입 초콜릿을 매우 좋아하는 것 같으니 그들 취향대로 성조기 디자인으로 패키지를 바꿨습니다"라고 ROM의 사장이 발표하자마자 나라 전체에서 큰 논쟁이 일었습니다.

그 논조는 대부분 '루마니아인의 애국심을 짓밟는 행위'라는 것이었고, 물론 제조사는 처음부터 이런 결과를 예상하고 있었습니다.

성조기 패키지가 현실화되자 ROM 초콜릿에 대한 불매운동 등 비난이 과열되고, 그 즈음에서 제조사는 "역시 모국의 국기 디자인으로 돌아가겠습니다"라며 사과문을 냅니다. 그것을 들은 국민들은 안심하게 되고 논란은 일단락됩니다.

그 후 ROM 초콜릿은 초콜릿을 좋아하는 나라 루마니아를 대표하는 간판 브랜드로 부활했습니다. 전통 브랜드가 국민적 재산이었다는 사실을 깨달은 것입니다.

제조사의 이 혀를 내두를 만큼 장대한 장치 스케일과 리스크를 두려워하지 않는 배짱에 탄복할 뿐입니다. 이런 장치는 우리나라에서는 재현할 수 없지만, 여기에서 사용된 '귀속의식'이라는 혈자리는 만국 공통의 것입니다.

우리 연구소는 300건·이상의 성공 캠페인에서 '행동하게 하는' 역학을 추출하여 'ㅇㅇ하면 사람은 움직인다'라는 형태로 분류·정리했습니다. 그것이 바로 '행동디자인의 혈자리'입니다.

10 4단계 [보충의 보충] : 행동디자인의 혈자리가 기능하는 이유는 무엇일까?

여기서는 행동디자인의 혈자리 중에서 실무에서 쉽게 활용 가능한 대표적인 18개를 소개하겠습니다(그림 6-5). '귀속의식을 자극하면 사람은 움직인다'는 것 외에 '서두르게 하면 사람은 움직인다', '제한을 두면 사람은 움직인다' 등이 있습니다.

그러면 이 같은 혈자리로 사람이 움직이는 이유는 무엇일까요?

그것은 4장에서도 설명했듯이 행동이 '정동情動'이라고 하는 분노, 즐거움, 슬픔, 수치심, 자존심 등의 강한 감정과 직결되어 있기 때문입니다. 정동이 자극을 받게 되면 행동을 억제하는 행동 브레이크가 완화되거나 행동 액셀이 가속화됩니다.

대부분의 사람은 비용지출로 이어지는 리스크 때문에 행동을 억제합니다. 때로는 불필요할 정도로 과잉억제를 하는 경우도 있습니다. 그런 때에 이런 혈자리를 제안하여 행동 브레이크를 완화하거나 강한 감정을 건드리는 혈자리(이를테면 귀속의식 등)로 논리나 이해타산 없이 즉시 행동하도록 합니다. 이것이 우리가 생각하는 '혈자리'의 작용 메커니즘입니다.

행동 디자인의 혈자리는 행동 액셀을 가속하는 혈자리와 행동 브레이크를 완화하는 혈자리로 크게 구분할 수 있다.

행동 액셀을 가속

서두르게 하면 사람은 움직인다	대결시키면 사람은 움직인다	음식물로 하면 사람은 움직인다
제한을 두면 사람은 움직인다	대비가 있으면 사람은 움직인다	귀속의식을 자극하면 사람은 움직인다
도발하면 사람은 움직인다	선택하게 하면 사람은 움직인다	사이즈를 변형하면 사람은 움직인다

행동 브레이크를 완화

상을 차려놓으면 사람은 움직인다	권위자의 보증이 있으면 사람은 움직인다	현장이 와주면 사람은 움직인다
구실이 있으면 사람은 움직인다	패션성이 있으면 사람은 움직인다	몸이 움직이면 사람은 움직인다
이름을 붙이면 사람은 움직인다	진심이 전달되면 사람은 움직인다	동심을 자극하면 사람은 움직인다

그림 6-5_ 행동디자인의 혈자리

✤ 행동 액셀과 행동 브레이크

그림 6-5의 18개 혈자리 중 대략적으로 상반부는 행동 액셀을 가속시키는 가속계, 하반부는 행동 브레이크를 완화시키는 완화계로 분류됩니다.

예를 들어 '제한을 두면 사람은 움직인다'는 것은 '희소성의 법칙'과 관련 있습니다. 이는 행동을 가속시키는 행동 액셀입니다. '권위자의 보증이 있으면 사람은 움직인다'는 것은 '권위의 법칙', '사회적 증명의 법칙'과 관련 있습니다. 이는 행동 브레이크를 완화하는 작용을 합니다.

'상을 차려놓으면 사람은 움직인다'는 다양한 장면에서 사용할 수 있는 편리한 혈자리입니다. '상까지 차려줬는데 안 할 이유가 없지'라는 생각이 들게끔 합니다. 다른 누군가가 리스크를 안고 귀찮은 수고를 대신 해주니 행동 브레이크가 완화되는 것입니다. 또한 접근성이 향상되고 행동에 수반하는 비용이 내려가므로 행동이 발생한다고 할 수 있습니다.

최근 '성인을 위한 색칠공부'의 인기로 컬러링북이 부활하고 있습니다. 그리고 보니 '컬러링북'은 상을 차려놓고 행동을 유발하는 장치라고 할 수 있겠습니다.

✤ 낙서 욕구를 행동으로 옮긴 낙서 바^{bar}

몇 년 전 어느 문구 제조사가 긴자銀座의 한 술집을 빌려 기간 한정으로 '낙서 바'를 전개한 적이 있습니다. 그곳은 누가 봐도 긴자다운, 유서 깊은 느낌의 공간이었는데, 바닥·벽·창문에서 테이블·접시까지 천장을 제외한 어디에나 낙서가 허용되었습니다.

처음엔 반신반의하던 고객들도 다른 사람들의 대담한 낙서에 용기를 얻어 차츰 적극적으로 낙서를 하게 되고 나중에는 빈 곳을 찾기 어려울 정도가 되었습니다. 이는 공간을 행동유발장치로 활용한 행동디자인 사례입니다.

이 사례에서는 기본적으로 '상을 차려놓으면 움직인다'는 혈자리가 사용되었지만, 그 외에도 몇 가지 혈자리가 더 있습니다. 여기에서라면 당당하게 낙서할 수 있다는 생각이 들도록 한다는 점에서 '구실이 있으면 사람은 움직인다'는 혈자리가 사용되었다고 볼 수 있습니다(사람은 언제나 참고 있는 욕구를 허용할 구실을 찾고 있습니다). 성인을 동심으로 돌아가게 하여 낙서행동을 유발하였으므로 '동심을 자극하면 움직인다', 기간 한정으로 진행한 것이므로 '제한을 두면 움직인다'도 관계있습니다.

이처럼 실제 마케팅에서는 하나의 혈자리만 사용하지 않습니다. 다양한 혈자리를 활용하면 그만큼 다양한 감정을 자극하게 되고 그 결과 많은 사람을 움직이게 하는 효과가 있습니다.

물론 반드시 여기서 제시하는 혈자리만 고집할 필요는 없습니다. 이렇게 하면 사람이 움직일 것 같다는 확신이 조직 구성원들 간에 공유된다면 그것을 활용해도 좋습니다.

이렇게 사람을 행동하게 하는 장치를 개발하는 것이 4단계입니다.

11 5단계: 어떻게 움직이게 할 것인가? — 전체 시나리오를 구축하고 실행한다

5단계와 6단계에 대해서는 따로 다룰 것이므로 여기서는 간단히 설명하겠습니다.

5단계는 4단계까지의 아이디어를 실행 형태로 만드는 단계입니다. 4단계까지가 기본설계라면 5단계부터는 실행 단계라고 보면 됩니다. 여기서는 전략의 전체 그림을 항상 염두에 두면서 중심이 되는 장치(행동유발장치)에 어떻게 사람을 끌어들일 것인지, 나아가 그 체험을 어떻게 공유하게 할 것인지, 확산시켜 갈 것인지를 생각합니다.

이때 주의해야 할 것은 기존 발상, 즉 매체나 툴을 먼저 생각하는 '늘 하던 발상'을 하지 않는 것입니다.

전단지를 뿌릴까, 잡지 광고를 할까 등 매체나 툴을 먼저 생각하면 결국 이전과 다를 바 없는 정형화된 시나리오밖에 나오지 않게 됩니다. 잘못하면 매체 선정이나 툴 제작이 목적이 되어버립니다. 그러면 본질적인 문제 해결이 되지 않습니다. 사람을 어떻게 움직이고 싶은지, 그를 위해 정말 기존에 사용해 온 방법이나 매체로 되는지 등과 같은 목적 발상으로 방법을 점검하고 전체 시나리오를 조합해 가야 합니다.

물론 아무리 좋은 행동디자인 아이디어라도 타깃에게 도달되지 않으면 무의미하므로, 최종적으로는 타깃에게 닿을 수 있는 제작물(타깃의 눈, 귀, 손 등에 접촉하는 툴, 매체)이 필요합니다.

그 제작물을 제작하고 타깃에게 도달되도록 하는 것에는 비용과 시간이 소요되고, 경우에 따라서는 법률 등의 제약이 있을 수도 있습니다. 아이디어가 좋아도 비용과 시간이 많이 들거나 법 제재로 인해 표현이 제한되면 효율성 측면에서 바람직하지 않습니다. 이런 것까지 감안한 세부적인 크리에이티브가 필요합니다.

12 6단계: 정말 움직인 것인가?
― 성과를 평가하고 PDCA를 확인한다

마지막 단계는 성과를 평가하고 PDCA 사이클을 확인하는 활동입니다. 행동디자인에서 중요한 평가척도는 단 하나, 행동목표의 달성도입니다. 목표로 하는 행동량을 실제 만들어냈는지, 그렇지 못했다고 하면 무엇이 문제였는지를 객관적으로 분석·검토합니다.

여기에서 중요한 것은 실패를 보정하면서 반복해서 실행하는 것입니다.

한 번의 시도로 끝나버리면 모처럼의 지견도 쓸모없어집니다. 스포츠도 음악도 반복을 통해 발전해 갑니다. 잘 했다고 해도, 그렇지 못하다고 해도, 그 피드백을 토대로 다음 기획을 생각하는 것이 성공의 열쇠입니다.

시장환경이 매년 크게 바뀌는 국면에서 동일한 하나의 아이디어 안에서 시책을 반복해 가는 것도 어렵지만, 매번 전혀 다른 아이디어로 시책을 운영하면 PDCA 사이클을 제대로 확인할 수가 없습니다. 바뀌는 부분과 바뀌지 않는 부분을 정리해서 결과를 평가하고, 애초에 검증 가능한 형태로 설계되어야 합니다.

7장

행동을 유발하는 장치

행동은 물리적 에너지를 필요로 합니다.

따라서 아무리 행동을 재촉해도 사람은 잘 움직이려 하지 않습니다.

계기가 되는 장치를 준비해야 합니다.

실제로 사람을 움직인 사례를 분석해 보면,

거기에는 주도면밀한 행동유발장치가 있습니다.

이 장에서는 행동디자인을 설계하는 여섯 단계 중에서 네 번째 단계의 핵심이 되는

'행동을 유발하는 장치'에 대해 좀 더 자세히 알아봅시다.

단 한 줄의 선이 사람을 움직이게 한다

어느 날 바닥에 흰 선이 한 줄 그어져 있다고 합시다. 특별할 것이 없는 선인데 사람은 그 하나의 선에 영향을 받습니다. 즉, 선이 그어지기 전과 후에는 사람의 행동이 명확히 다릅니다.

어떤 선일까요?

그렇습니다. 화장실 입구 바닥이나 매장의 계산대 앞 바닥에 그어져 있는 선입니다. 한 줄의 선이 '여기서부터 일렬로 서서 순서를 기다리라'는 사인이 됩니다. 지금은 누구나 그 선 뒤에 줄을 서서 자신의 순서를 기다립니다. 좀 더 알기 쉽도록 선 대신 발자국 모양을 붙여놓은 곳도 있습니다.

그림 7-1_ 선 뒤에 줄을 서는 사람들

지금의 젊은 사람들에게는 믿을 수 없는 이야기로 들릴지 모르겠지만 필자가 어릴 때는 한 줄 서기 습관이 없었습니다. 모두 눈을 부릅뜨고 빨리 줄어들 것 같은 줄을 찾아 그 뒤에 제각각 섰습니다. 그 줄로 새치기해서 들어오는 사람도 있었습니다. 그러나 최근 십수 년 동안 우리나라 사람들의 줄서기 행동은 크게 바뀌었습니다. 단 하나의 선이 행동을 바꾼 것입니다. 이선이 바로 행동유발장치입니다.

❖ 이동이 아니라 운동으로 바뀐 통로

최근 사례를 봅시다.

나리타成田 국제공항에 새롭게 건설된 제3터미널이 선을 잘 활용하여 화제가 된 적이 있습니다. 제3터미널은 LCC(저가 항공사) 전용으로 제2터미널에서 630m나 되는 연결통로를 걸어가야 합니다. 도보로 15분 정도 걸리는데 연결버스를 타는 것도 시간이 걸리므로 많은 사람들은 짐을 질질 끌면서 걸어갑니다. 공항이용료에 반영되는 건설경비를 줄이기 위해 무빙워크는 설치되지 않았습니다. 눈을 쉴 수 있는 관엽식물도, 볼 만한 간판도 없고 살풍경한 도로를 한없이 걷지 않으

그림 7-2_ 나리타 국제공항

소비자의 행동을 디자인하는 마케팅

면 안 됩니다.

그래서 공항 측이 생각한 것이 연결통로를 '육상경기의 장거리 트랙처럼 보이도록' 하는 아이디어였습니다. 통로를 육상 트랙처럼 붉은색과 푸른색으로 레인을 구분 짓고 흰색 라인으로 코스를 그려 넣었습니다. 도중에 커브나 갈림길이 몇 개 있지만 라인을 따라가면 길을 헤매지 않고 어느새 게이트에 도착할 수 있게 되어 있습니다.

특히 좋은 점은 이 장치가 연결통로를 불평 없이 걷게 한다는 것입니다. 스포츠의 피로감은 기분 좋은 것입니다. 육상 트랙으로 만들어놓았기 때문에 짐을 끌면서 걷는 수고를 운동이라 여기고 그 피로감을 기분 좋은 것으로 일순 착각하게 되는 효과가 있습니다. 무빙워크의 쾌적함은 없지만, 여행객이 큰 불평 없이 납득하면서 이동할 정도의 환경이 제공된 것입니다.

이 공간디자인이 바로 행동디자인이며 육상 트랙이 행동을 유발하는 장치입니다.

2 메시지만으로는 행동을 유발하기 힘들다

만약 630m나 되는 연결통로를 (큰 불만 없이 가능한 쾌적하게) 걷게 하는 행동을 메시지로 유도하고자 한다면 어떨까요?

'걷는 것이 건강에 좋습니다. 걷지 않겠습니까?'라는 메시지라면 여행객의 반발이 눈에 보이는 듯합니다. '그렇게 멀지 않습니다'라는 변명도 '너무 멀어 죄송합니다'라는 사과도 오히려 반감만 살 뿐입니다. 메시지는 때로 매우 유효하지만 메시지만으로 사람을 움직이게 할 수 없는 상황도 있습니다.

우리 연구소가 이전부터 행동유발장치에 주목해 온 이유가 여기에 있습니다. 특히 앞으로 우리나라에 외국인 여행객이 더 증가하면 메시지로 전달되지 않는 장면도 증가합니다. 몇 개 국어를 병기하고 있기는 하나 문자 수가 많아지면 가독성이 떨어지고 수신자의 정보비용도 증가합니다. 이러한 상황에서는 언어에 치우치지 않는 물리적인 장치가 오히려 웅변적입니다.

여행은 돈·시간 등의 비용이나 리스크가 있으므로 많은 사람에게 매력적인 행동임에도 쉽게 실행되지 않는 행동의 대표적 예라고 할 수 있습니다. 그럴 때 '~하러 갑시다'라는 메시지로 아무리 재촉해도 사람은 움직이지 않습니다. 의외로 시각표나 지도 등 시각적 툴이 '여행이나 갈까'라는 행동을 유발하는 장치가 될 수 있습니다.

'○○산은 메밀국수가 맛있다'고 하는 메시지는 '○○산에 가보지 않겠습니까?'라고만 하는 메시지보다 매력적입니다. 등산하고 난 후의 맛있는 식사가 기대되기 때문입니다. 여기에 더해 만약 '○○산·메밀국수 맛집 탐방'이라는 안내문이 같이 있으면 '메밀국수가 맛있다'는 메시지는 더욱 효과를 발휘하게 될 것입니다. '자, 그럼 다음에는 어느 메밀국수집에 가볼까'라며 다음 계획까지 행동이 진전되기 때문입니다. 맛집 지도나 맛집 가이드는 시대를 초월하여 사람의 행동을 환기하는 효과적인 행동유발장치라고 할 수 있습니다.

❖ 행동유발장치를 생활 속에 끌어들이다

자동차 마케팅을 생각해 봅시다.

"주말에 저희 대리점으로 시승하러 오세요"라는 것보다 "주말 동안 마음껏 사용하십시오"라며 예상고객의 자택으로 시승차를 보내는 것이 훨씬 시승행동을 유발하는 힘이 있습니다. 이것도 행동유발장치입니다.

특히 일본의 도심부에 있는 주택은 차고가 좁기 때문에 자동차 구매에서 차 크기가 구입장벽이 되기 쉽습니다. 카탈로그에 크기가 표시되어 있지만 실제 차고에 맞을지 신경 쓰이는 부분입니다. 차 크기 때문에 주저하던 자동차가 집 차고 앞까지 와준다면 그 차는 구매 후보에 들어갈 것입니다.

3장에서 '투표하러 가자', '암 검진을 받자' 같은 계몽메시지가 행동으로 이어지지 않는다는 이야기를 한 바 있습니다. 이러한 메시지가 구호만으로 끝나는 것은 소비자의 일상 행동 안에 행동유발장치를 제대로 끌어들이기 않았기 때문입니다.

3 샘플링은 행동유발장치로서 유효한가?

새로운 제품을 구입하는 것에는 리스크가 따르기 때문에 제품을 작은 크기로 만들어 우선 체험하도록 한다. 그러면 그것에 좋은 인상을 가진 사람이 상품을 구입한다.

이런 시나리오를 전개하는 고전적인 마케팅 방법이 있습니다. 일반적으로 '샘플링'이라고 하는 것입니다.

여러분도 가끔 길거리나 매장 앞에서 샘플을 받은 적이 있을 것입니다. 혹은 샘플을 기획하거나 실시하는 주체일지도 모르겠습니다. 샘플은 구입 리스크를 완화하는 오래된 행동유발장치입니다.

우리도 마케팅의 일환으로 샘플링을 기획하는 일이 자주 있습니다. 때로는 샘플링이 매우 유효하게 작용하기 때문입니다. 매장에서 하는 시식·시음은 자신에게 가장 잘 맞는 식품·음료를 선택하고자 정보를 탐색하는 사람이나 무엇을 선택하면 좋을지 몰라 고민하는 사람에게 매우 효과적인 방법입니다.

새로운 디지털 기기(디지털 카메라, 스마트폰, 태블릿 단말기 등)나 골프클럽을 매장에서 시험해 보지 않고 구입하는 사람은 오히려 적습니다. 사용법을 알려주는 실연자를 매장에 배치하고 소비자가 실제 사용해 보도록 하는 터치 앤드 트라이touch & try 시책은 가격이 조금 비싼(= 리스크를 동반하는) 상품에서는 정석이 되고 있습니다.

이러한 경험을 바탕으로 신제품 마케팅에서 무조건 샘플링을 기획하는 경우가 많습니다. 그런데 아무런 의심이나 고민 없이 무조건 실시하는 것이 맞을까요?

샘플링은 제조에도 배포에도 비용이 듭니다. 대규모로 배포하려고 들면 더 그렇습니다. 인건비가 발생하는 터치 앤드 트라이는 더 많은 비용이 드는 방법입니다. 그러면 그만큼의 비용을 들일 가치가 있는지, 더욱 효과적인 다른 방법은 없는지를 충분히 검토해야 합니다.

❖ 배포하면 다 되는 것이 아니다

무조건 샘플링이다. 하지만 예산이 없으니 일정 범위 안에서 한정적·소규모로 실시한다.

이런 경우를 자주 봅니다. 솔직히 이러한 의사결정은 본말 전도가 아닐까 생각합니다. 구입 전의 체험의 유무가 구입을 좌우하는 핵심요소라고 하면 충분한 체험량이 담보되지 않으면 실시의 의미가 없기 때문입니다.

6장에서 언급했듯이 마케팅의 출발은 행동량을 어느 정도 획득하고 싶은지 목표를 설정하는 것입니다. 100만 명에게 우선 한 개 구입하도록 하겠다는 목표라면 5만 개의 샘플링은 5%의 도달률이 됩니다. 그러면 샘플을 받은 사람이 실제 상품을 구입하는 비율은 그중 몇 %나 될까요?

비록 충분한 체험량(샘플 배포 수)이 확보되었다고 해도 샘플링이 정말 유효한 것은 수신자의 조건이 다음 세 가지를 만족시킬 때뿐입니다.

①지금 무엇을 구입할지(사용할지)를 아직 정하지 않고 자신에게 가장 맞는 것을 찾고 있는 상태일 것
②해당 상품의 가치(＝편익)가 한 번의 샘플 체험만으로도 어느 정도 실감할 수 있는 상품일 것
③샘플 체험에 드는 수신자의 비용이나 리스크(시간이 걸릴 것 같다, 강매당할 것 같다 등)가 샘플 체험에서 얻는 정보의 양과 질 또는 상품본체를 구입할 때의 비용이나 리스크보다 작을 것

한마디로 말하면 샘플 체험이 수신자에게 낭비하는 시간(＝비용)이 아니라 지금 하고 싶은 것, 지금 필요한 것이 되는지가 매우 중요합니다.

예를 들어 수신자가 무언가 새로운 음료를 원해서 탐색하는 상태가 아니라면 아무리 샘플이 맛있었다고 해도 즉시 그 음료를 구입하는 행동은 하지 않습니다. 언제나 마시는 음료가 이미 몇 종류나 있고 충분히 그 맛에 만족하고 있기 때문입니다. "맛있었어요. 고맙습니다"로 끝날 겁니다.

지금 사용하고 있는 상품에 어떤 불만이나 싫증을 느끼는 사람에게 샘플이 집중될 수 있도록 모색할 필요가 있습니다. 잘못하면 샘플의 크기조차 부담으로 느끼는 사람에게 상품을 건넨 꼴이 될지도 모릅니다. 그렇게 되면 그 샘플링은 매우 쓸모없고 높은 비용이 됩니다.

4 　행동유발장치가 누구에게 기능할지를 생각한다

사람을 행동하게 할 때는 그것이 '나도 모르게 하고 싶은 행동'이 되어야 하고, 그때 행동에 따르는 비용감이나 리스크감을 최대한 느끼지 못하도록 할 필요가 있다는 이야기는 4장에서도 했습니다.

샘플을 체험하는 것도 탁월한 '행동'입니다. 그러므로 그것이 지금 하고 싶은 행동이어야 하며, 거기에 시간이 걸리는 등의 불필요한 스트레스가 없어야 행동유발장치가 기능하게 됩니다.

예를 들어 샴푸 샘플을 배포하고자 하면 이를 어떤 사람이 받는 게 좋을지를 생각합니다. 만약 지금 사용하는 샴푸에 싫증이 나 앞으로 어떤 샴푸를 구입할지 탐색하던 사람이라면 그날 당장 그 샘플을 사용할지도 모릅니다. 그러나 지금 사용하고 있는 샴푸는 구입한 지 얼마 안 되고 게다가 마음에 들어 한다면 그 샘플은 그대로 여행 파우치 안으로 들어가 당분간은 나오지 못할 가능성이 있습니다.

작은 크기의 샴푸나 화장품은 여행 필수용품입니다. 달리 생각하면 여행 때야말로 샘플을 체험하도록 하는 절호의 기회라고 할 수 있습니다. 샴푸 샘플을 받고 좋아하는 사람은 조만간 여행을 떠날 예정이 있는지도 모릅니다. 그렇다면 여행 계획이 있는지 없는지도 모르는 사람들을 대상으로 거리에서 마구 배포하기보다는 여행사의 카운터나 호텔 로비에서 배포하는 것이 샘플을 확실히 사용해 줄 가능성이 높다고 할 수 있습니다.

❖ 여행용품이 아니어도 여행행동을 유발할 수 있다

스케치북이나 카메라처럼 제품 구분에서는 여행용품이 아닌 제품도 여행행동을 유발하는 힘이 있습니다.

보통은 추억을 담기 위해 카메라를 구입하지만 촬영 자체를 즐기고 싶거나 새로운 피사체를 만나는 목적을 위한 수단으로 여행행동이 유발되는 경우입니다. 이렇듯 목적과 수단은 사람의 행동 안에서 종종 그 관계가 역전되는 경우가 있다는 사실은 중요한 포인트이므로 기억해 둘 필요가 있습니다.

카메라나 문구의 판촉을 위해 매장을 여행 테마로 꾸미거나 '책을 가지고 여행을 가자'라는 주제로 도서 캠페인을 전개한 사례가 효과를 거둘 수 있었던 것도 이런 이유 때문입니다.

여성을 위한 판촉물로서 작은 크기의 화장품이나 샴푸를 예쁜 파우치에 넣어 여행 팸플릿과 함께 건네는 것도 여행행동을 향해 한발 내디딜 수 있도록 유도하는 장치가 됩니다. 사람은 무언가 하고 싶은 일이 있을 때 그것에 합치한 것을 수용·허용합니다. 하고 싶지 않은 것, 관계없는 것은 아무리 강요해도 결국 사람은 움직여 주지 않습니다.

5 좋은 행동유발장치 만드는 법

지금까지 이야기해 왔듯 행동유발장치로 활용 가능한 다양한 툴이 있지만, 그것이 제대로 기능하기 위해서는 그 나름의 설계가 필요합니다.

신제품에 대한 리스크감을 줄이는 것에 샘플링이 항상 유효하지는 않습니다. 장벽을 낮추는 방법은 여러 가지가 있습니다. 게다가 완전히 새로운 제품이 아니라 재사용, 재활성화를 위해서라면 샘플 이외의 행동유발장치가 유효할 것입니다.

예를 들어 밀크캐러멜 캔디. 지금까지 한 번도 밀크캐러멜 캔디를 먹어 본 적이 없다는 사람은 없을 것입니다. 오히려 캐러멜만의 달콤한 맛과 향을 좋아하는 사람이 많지 않을까요?

그러나 캐러멜 시장은 계속 하락세이며, 젊은 세대의 캐러멜 캔디 이탈과 함께 구입층의 고령화가 문제가 되고 있습니다. 그런 때에 거리에서 샘플을 배포해도 효과는 기대할 수 없습니다. "아, 어릴 적 먹던 그 맛이네"라는 것으로 끝나버릴 것입니다.

캐러멜 제품 안에서 더는 새로운 뉴스를 찾을 수 없을 것입니다. 캐러멜의 매력을 젊은 세대가 재발견하도록 하기 위해서는 **캐러멜과 소비자의 만남(경험)을 크게 전환**할 필요가 있습니다.

예를 들어 캐러멜을 과자나 요리에 사용하여 젊은 사람들에게 먹도록 하는 행동디자인은 어떻습니까? 그때의 행동유발장치는 젊은 사람들이 자주 이용하는 카페나 레스토랑에서 캐러멜 소스를 활용한 디저트를 시식해 볼 수 있도록 하는 것입니다. 음식점과 콜라보한 '캐러멜 디저트'를 경험한 젊

소비자의 행동을 디자인하는 마케팅

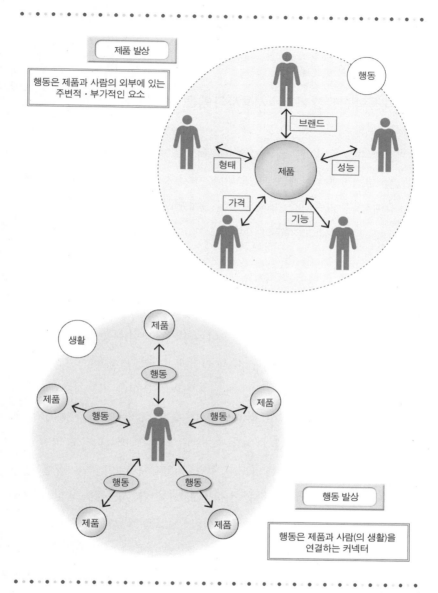

제품 발상

행동은 제품과 사람의 외부에 있는
주변적 · 부가적인 요소

행동

브랜드

형태   제품   성능

가격   기능

생활

제품

행동

제품   행동   행동   제품

행동   행동

제품   제품

행동 발상

행동은 제품과 사람(의 생활)을
연결하는 커넥터

그림 7-3_ 사람 = 행동 = 제품

은 세대가 한동안 잊고 있던 캐러멜 맛을 떠올리고 다시 구입에 나선다는 행동시나리오입니다.

✤ 제품의 진정한 가치는 사용자의 행동 안에 있다

'제품에 자신 있기 때문에 샘플을 배포하면 그중 몇 %의 사람은 반드시 구입할 것이다'는 생각은 제품 발상입니다. 여기에 머물러 있으면 시장의 변화에 대응해 갈 수 없습니다. 제품을 자신 있게 만드는 것도 중요하지만 소비자가 어느 포인트에서 그 제품의 가치를 느끼고 있는지를 확인하지 않으면 안 됩니다.

지금 젊은 세대들이 밀크캐러멜 캔디라고 하는 제품에는 흥미가 없어도 디저트에 사용되는 캐러멜 소스에는 가치를 느낄지도 모릅니다.

상품의 진정한 가치는 상품 자체가 아니라 사용자의 행동 안에 있습니다.

서두에서도 소개했지만 최근 유저 인터페이스UI, 유저 익스피리언스UX라는 개념이 주목받고 있습니다. 어느 기업의 제품이나 기능적으로 별 차이가 없을 때, 이를테면 '만졌을 때의 촉감' 등 감각의 차이로 사용자가 그 브랜드를 선택할 수 있습니다. 제조사가 제품의 본질이 아니라고 경시했던 주변적 요소가 사용자에게는 중요한 것일 수 있습니다. 즉, 제품 속성을 중심에 두는 제품 발상에서는 행동이 주변요소이지만, **사용자를 중심에 두면 행동은 사용자와 제품을 이어주는 결정적인 연결고리가 됩니다.**

오늘날 제품 차별화가 어려운 시대에 소용량 샘플이 이전만큼 행동유발력을 발휘하지 못하는 것처럼 느껴지는 이유는 이 때문일 것입니다. 마케터가 만들지 않으면 안 되는 것은 제품의 체험장치가 아니라 그 제품을 통해 가치 있는 행동을 창출하는 행동유발장치인 것입니다.

6 행동유발장치로 활용 가능한 도구들

지금까지의 설명으로 미뤄 자칫 '행동유발장치는 결국 세일즈 프로모션과 같은 것'이라고 생각할 수도 있겠지만, 그것은 아닙니다.

나리타 국제공항의 사례와 같이 마케팅의 범주를 넘어 사회의 다양한 곳에서 사람의 행동을 특정 방향으로 제어하는 장치는 전부 행동유발장치라고 할 수 있습니다. 횡단보도나 신호기도 일종의 행동유발장치입니다.

우리 연구소가 하려는 것은 지금까지 마케팅활동에서 사람을 움직이게 하려는 취지로 운용되어 온 다양한 도구(광고, 홍보, 각종 프로모션 등. 경우에 따라서는 제품이나 매장도 포함)를 마치 신호기처럼 행동의 On/Off를 명확하게 지속적으로 제어하는 장치로서 되살리고자 하는 것입니다.

광고를 인지도 향상이나 이미지 구축만을 위해 운용한다면 그것은 이전과 다를 바 없는 광고입니다. 그러나 행동으로 생각하면 광고로도 충분히 사람을 움직이게 하는 것이 가능합니다. 그때 광고는 행동유발장치로서 기능한다고 할 수 있습니다.

❖ 최종적으로 창출하고 싶은 행동에 맞는 장치를 생각한다

제품의 가치는 제품 자체가 아니라, 이를테면 '그것을 어떻게 사용하는지' 등 사용자의 행동 안에 있다고 설명했습니다. 그런 관점에서 보면 제품의 장점을 어필하는 데 그치지 않고 그것을 어떻게 사용하면 생활이 어떻게 되는지까지 가시화해 주는 체험성이 중요합니다. 마치 누군가의 방(생활공간)에 있는 것같이 가구를 전시해 놓은 어느 가구회사의 매장은 뛰어난 행동유발장치입니다.

앞서 서술한 샘플이나 체험형 이벤트도 최종적으로 기대하는 행동으로 제대로 연결된다면 행동유발장치라고 할 수 있습니다. 하지만 보다 중요한 것은 그로 인해 창출된 행동의 내용과 양(행동량)입니다. 단지 체험해 보았다는 것만으로는 실시 비용에 상응하는 효과를 거두기는 어렵습니다. 만약 고속도로를 빠른 속도로 달려보아야 알 수 있는 성능의 자동차가 있다고 하면 일반도로에서 몇 분만 달리는 정도의 시승회는 그리 잘된 행동유발장치라고 할 수 없습니다.

최근 '본격 SUV'라고 불리는 4륜 구동 자동차의 경우 실제 바위나 통나무를 넘거나 급경사의 언덕을 오르거나 하는 체험형 시승 이벤트를 많이 하고 있습니다. 이같이 자동차의 특징이나 진가를 실제로 확인하는 체험 이벤트는 질 높은 행동유발장치라고 할 수 있습니다. 왜냐하면 그 체험은 나중에 실제 그 차를 구입한 오너의 활동적인 드라이브 행동을 유발하기 때문입니다.

4장에서 '추석 세뱃돈'이라는 새로운 습관을 소개했습니다. 추석 세뱃돈 봉투라고 하는 작은 '봉투'가 추석 세뱃돈 행동을 유발한 장치입니다. 이 장치가 최종적으로 유발한 것은 '설날만이 아니라 추석에도 귀성한다'는 행동이었습니다.

이처럼 최종적으로 창출하고 싶은 행동(목표)과 인과관계가 제대로 설명이 되는 행동유발장치를 개발할 수 있어야 합니다.

❖ 접시도 비어서버도 행동유발장치가 된다

경품 이벤트도 설계나 운용 방법에 따라 뛰어난 행동유발장치가 될 수 있습니다.

예를 들어 파스타 소스를 제조하는 업체가 가정에서 파스타를 먹는 빈도를 올리고자 한다면 '파스타용 접시 100% 증정' 캠페인을 장기간에 걸쳐 실시하는 것이 효과적입니다. 전국 방방곡곡의 가정에 '파스타가 먹고 싶어지는' 파스타 접시를 배포할 수 있다면 파스타를 먹는 빈도를 올린다고 하는 최종적인 행동목표에 상당히 많이 공헌하게 될 것입니다.

요즘 맥주 제조사들이 '가정용 비어서버beer server 증정' 캠페인을 실시하고 있는데, 이것도 '가정에서 맥주행동'을 유발하는 잘된 장치입니다. 술집에서 마시는 생맥주와 가정용 캔맥주는 사실 동일한 공장의 탱크에서 만들어지는데 아무래도 집에서는 생맥주 느낌이 약해집니다. 그러나 전용 비어서버가 있으면 생맥주 본래의 맛을 제대로 즐길 수 있지요.

이는 '생맥주 맛의 진가는 맥주라고 하는 액체에만 있는 것이 아니라 능숙하게 거품을 만들어 붓는 행동에도 있다'는 발상에서 나온 것입니다. 가정에서의 비어서버 체험은 이후 밖에서 동일한 브랜드의 생맥주를 마실 때 다시 상기되고 또다시 가정에서의 체험으로 피드백됩니다. 이 같은 선순환 스토리를 만들어내는 것이 행동유발장치입니다.

❖ 왜 그 프로모션은 행동을 유발하지 못했을까?

한편 경품이 행동유발장치로서 기능하지 않는 경우도 상당히 많습니다.

그 원인은 다음 두 가지입니다.

① 목표로 하는 행동이 대상 제품을 구입하는 행동에만 한정되어 있어서 경품과 대상 제품이 생활 속에서 어떻게 연관성을 가질지 고려하지 않은 것이 많다.
② 경품을 제공하는 것 자체가 시책의 목적이 되고 있으며, 다른 마케팅 시책과의 유기적인 연결/스토리성이 부족하여 결국 일과성의 자극으로 끝나고 장치로서의 지속성이 희박하다.

가전이나 여행, 테마파크의 입장티켓 등은 인기가 높기 때문에 자주 경품으로 선정되는 아이템입니다. 프로모션에 대한 반응률이 지상 명제라면 이러한 경품은 반응률을 올릴 수 있는 하나의 방법이 되지만, 마케팅 목표는 프로모션에 대한 반응률이 아니라 동일한 비용으로 보다 지속성 있는 행동유발장치를 개발하는 데 있습니다.

7 행동을 유발하는 메시지

나리타 국제공항의 사례는 외국 여행객도 고려해 카피 없는(비언어적) 디자인으로 행동을 유도한 경우인데, 내국인을 대상으로 하는 마케팅 커뮤니케이션은 대부분 메시지(카피) 주도의 것이 많습니다.

강한 메시지는 그 광고를 중지해도 사람의 기억 속에 계속 남는 지속효과를 가지고 있습니다. 그러나 거듭 말하지만 메시지만으로 사람을 움직이기는 매우 어려운 일입니다. '이걸 마셔보세요', '이걸 사지 않으면 손해입니다' 등의 일방적인 메시지는 이제 더는 귀담아 들어주지 않습니다.

반대로 소비자의 마음을 건드리는 '그렇군요, 그럴 때가 있지요!'라는 메시지는 유행어가 되어 널리 확산되는 경우도 가끔 있지만, 정작 소비자는 메시지를 해당 상품을 구입하는 행동과 분리해서 생각한다는 점이 안타까운 부분입니다.

❖ 메시지는 행동유발장치와 조합한다

그러면 어떻게 하면 좋을까요?

우리 연구소는 메시지를 행동유발장치와 함께 생각할 것을 권합니다. 즉, 행동유발장치를 사용·체험하고 싶다는 생각이 들도록 메시지를 개발하여 그것을 메인 카피로 하거나 또는 원하는 최종행동(행동목표)을 메시지로 해서 행동유발장치와 함께 운용하는 방법입니다.

앞에서 본 추석 세뱃돈을 예로 들면 '올해는 추석 세뱃돈을 주자'라는 직설적 표현도 좋지만, 세뱃돈 봉투를 보여주면서 '올 추석에는 집에 갈까?'라는 메시지로 행동목표를 나타내는 것이 오랫동안 기억에 남고 행동이 습관화되는 효과가 있습니다. 쿨비즈는 '올해도 쿨비즈하자'로 끝내지 말고 '쿨비즈로 시작하자. 지구온난화 방지'까지 말해야 무엇 때문에 이것을 하는지 그 목적을 인식하게 되어 더 적극성을 띠게 됩니다.

비어서버 캠페인이라면 '100% 당첨'이라는 카피 앞에 '맛있는 생맥주를 집에서도 밖에서도' 등과 같은 메시지가 있는 것이 좋습니다. 밖에서 마신 생맥주의 느낌을 집에서도 그대로 체험할 수 있다고 여겨지기 때문입니다.

'로열블루티'라고 하는 고급 차음료를 알고 있습니까? 녹차나 홍차, 청차 青茶(반발효의 중국차) 등 최상급의 찻잎을 정성껏 우려내어 와인병 모양의 병에 넣어 팔고 있습니다. 찻잎의 품종에 따라 몇천 엔짜리부터 한 병에 30만 엔이나 하는 엄청난 고급품까지 있는데, 고급품이라서 와인병 용기에 담은 것은 아닙니다.

이 제품은 찻잎 고유의 맛을 그대로 살리기 위해 비가열·여과살균을 하고 있어서 냉장물류로 제공하고 있습니다. 입구가 가느다란 짙은 색의 병은 빛 차단성이 높고 공기에 접하는 면적도 작아 찻잎 고유의 맛을 오랫동안 유지하는 장점이 있습니다. 그러나 그 때문만은 아닙니다. 실은 와인병 모양의 용기에는 두 가지 행동을 유도하고자 하는 목적이 내포되어 있습니다.

그림 7-4_ 로열블루티

하나는 '식중차食中茶 행동'의 유발입니다. 차는 품종(제법)에 따라 맛뿐만 아니라 색이나 향도 다릅니다. 그래서 색이나 향을 즐기는 와인처럼 식중차로서 요리와 어울리는 차를 선별해서 마시는 행동을 자연스럽게 촉진하게 위해 와인병 모양을 한 것입니다.

기존의 발상이라면 녹차는 전통찻

잔, 홍차는 티컵이라고 생각하겠지만, 차를 '식중 음료로서 와인잔으로 즐긴다'고 하는 익숙하지 않은 행동을 와인병이라는 제품용기가 유도하고 있는 것입니다.

❖ 구입자뿐 아니라 판매자도 움직이게 하는 제품디자인

또 하나의 목적은 판매자를 향한 행동디자인입니다.

이 제품은 고급 레스토랑이나 바, 호텔, 비행기의 퍼스트클래스 등에서 와인처럼 제공되고 있습니다. 따라서 고객에게 제공할 때도 와인과 동일하게 정중히 서비스합니다. 다만 와인과 달리 특별히 매뉴얼을 읽지 않아도 처음 접객에 나서는 직원이라도 동일한 서비스 질로 고객에게 최고의 차를 제공할 수 있습니다.

'로열블루티'의 가치는 정성껏 우려낸 찻잎의 맛을 그대로 유지하는 품질관리에 있습니다. 와인병 용기는 마치 와인을 관리하듯 이 제품을 저온의 와인셀러에 보관하도록 행동하게 합니다. 판매자를 일일이 교육시키지 않아도 와인에 익숙한 그들은 자연스럽게 로열블루티의 품질관리에 신경 쓰게 되는 것입니다.

로열블루티는 제품 자체가 행동디자인적으로 설계되어 있어서 상품으로서의 가치뿐만 아니라 즐기는 방법, 체험의 가치, 나아가 그 가치를 담보하는 품질관리까지 종합적으로 행동을 이끌어낼 수 있게 합니다. 이는 제품 자체를 행동유발장치로 활용한 대표적 사례입니다.

이 차를 판매하는 회사는 상품판매뿐만 아니라 품종의 차이를 즐기는 유료 시음회, 요리와 맞는 차 맛을 즐기는 테이스팅 파티 등의 기획도 전개하고 있습니다. 2016년의 이세시마伊勢志摩 G7의 연회에서 일본의 녹차를 선보인다는 의미로 이 차가 제공되기도 했습니다.

연회 자리에서 와인을 즐기고 싶지만 술을 마시지 못하거나 또는 술 마실 상황이 아니라고 하는 미충족감은 바로 행동기회입니다. 지금까지는 그에 대한 대체품으로 격이 낮은 소프트드링크를 선택할 수밖에 없었던 사람들이 와인을 마시는 사람과 동일하게 차를 통해 고급 서비스를 받을 수 있게 된 것입니다.

이처럼 차의 가치를 차라고 하는 기존의 제품 안에서가 아니라 행동에서 발견한 로열블루티는 시판되는 차 음료의 가격축과는 전혀 다른 차원의 가치축을 만들 수 있었습니다.

❖ 제품디자인으로 행동을 유발한다

이 사례처럼 제품 자체를 행동유발장치로 보면 지금까지와는 다른 대담한 발상을 할 수 있습니다.

나누어 먹을 수 있도록 절취선으로 구분되어 있는 패키지. 김밥을 말고 싶어지는 예쁜 문양의 김. 여름에 꽁꽁 얼려서 외출할 때 가지고 나갈 수 있도록 사각형 패키지의 청량음료 페트병… 등등 아이디어는 많습니다.

우리 연구소의 한 직원이 '남자 아이들이 이를 닦고 싶어지도록 권총 모양의 전동칫솔을 생각한 적이 있다'고 말한 것이 기억납니다. 방아쇠를 당기면 브러시가 회전하는 방식이라고 합니다. 물론 시판은 어렵겠지만, 그런 재미있는 발상을 제조사가 더욱 발휘해 주면 좋지 않을까 생각합니다.

유니크한 디자인의 상품은 오늘날의 SNS 사회에서는 사진이나 동영상을 찍어 공유하는 사용자 발신의 정보행동을 유발하는 장치가 됩니다. '~해 보았다'라는 제목으로 많은 동영상이 투고되는데, 사진이나 동영상을 찍어 공유와 확산을 유도하는 행동유발장치는 지금의 트렌드로 보면 유효한 방법 중 하나라고 생각합니다.

9 행동을 PR한다

터치 & 트라이 같은 이벤트는 현장에서 실제로 체험한 사람이 많지 않아도 체험자들이 SNS에 '~해 보았다'라고 영상을 공유해 준다면 소비자와의 접촉점은 크게 확대됩니다.

다만 여기서 오해하지 말아야 하는 것은 이벤트 정보가 공유되고 확산된다고 해도 그것은 정보의 노출량이 많아진 것일 뿐, 행동량으로 직결되는 것은 아니라는 사실입니다.

물론 노출되지 않는 것보다 노출되는 쪽이 좋지만, 중요한 것은 '나도 해보고 싶다', '해보니 재미있다' 등 행동이 파급되는 움직임을 만들 수 있어야 하는 점입니다.

행동은 연쇄반응을 일으킵니다. 누군가가 헛기침을 하면 몇 명이 일제히 흉내 냅니다. 누군가가 박수를 치면 모두가 박수를 치게 됩니다.

한 사람의 기발한 행동이 아니라 '모두가 하고 있고 나도 해도 되는 새로운 행동'이라는 생각이 드는지가 행동 확산에 매우 중요한 포인트가 됩니다.

❖ 무엇을 확산시키고 싶은가?

오늘날 TV의 접촉 효율이 떨어지는 젊은 세대에게는 'TV 광고보다 온라인을 연계한 PR로 이슈화하는 것이 효율이 좋다'고 생각하는 기업이 많을 것입니다. 그러나 미디어가 흥미를 가지고 취급해 주는 정보는 특정 분야나 주제에 한정되어 있습니다. 기업이 말하고 싶은 것을 무엇이든 취급해 주는 것이 아니므로 PR이 TV 광고보다 효율이 좋다고 단정할 수는 없습니다.

바꿔 말하면, 특정 분야나 주제에 해당하는 콘텐츠라면 미디어가 자진해서 그 정보를 확산시켜 줄 가능성이 있습니다. 예를 들어 귀여운 동물이 나오는 콘텐츠, 세계 제일이라는 인정 기록을 달성한 뉴스, 순수한 어린아이의 감동 이야기, 예능인의 비밀스러운 속사정 등은 확산될 확률이 높은 정보입니다.

그러나 정보 제공자인 기업이나 제품에 대한 이야기가 동일한 분량으로 소개되고 확산될지는 또 다른 문제입니다. 만약 기업명이나 제품명이 예상 이상으로 노출된다면 그로 인해 어떤 행동이 환기될 수 있을까요? 인지도나 호감도가 다소 올라가는 것. 그뿐이지 않을까요?

몇 번이고 말하지만 이슈가 되지 않는 것보다는 되는 쪽이 좋습니다.

그러나 기업명이나 제품명이 아니라 원하는 '행동'이 이슈가 되어야 합니다. 그것이 행동을 연쇄시키기 때문입니다.

❖ 제품 PR이 아니라 행동 PR

어느 게임회사가 새롭게 개발한 게임의 발매에 앞서 '수요일 밤에는 빨리 집으로 돌아가 게임을 합시다'라는 행동유발형 캠페인을 실시했습니다. 때마침 기업의 장시간 야근이 사회문제가 되고 정부와 기업이 하나가 되어 '수요일은 야근 없는 날'로 지정, 그 보급을 추진하던 때였으므로 이 캠페인은 미디어에서 꽤 많이 다뤄지게 되었습니다. 즉, '수요일 밤의 게임행동'이 PR로 노출된 것입니다(사실 이 게임은 매주 수요일에 배포되는 다운로드형 게임이었습니다. 그러므로 '수요일 밤'이라는 것에 초점을 맞춘 것입니다).

미디어에 노출된 내용 중 눈여겨볼 만한 포인트는 어느 뉴스 캐스터가 "모 게임회사가 수요일 밤에는 일찍 귀가해서 게임을 하자는 취지로 독특한 캠페인을 실시하고 있습니다"라며 게임 타이틀이 아니라 취지에 주안을 두고 소개했다는 사실입니다.

참고로 뉴스에 나오게 된 계기는 그 게임회사가 실시한 이벤트가 이슈가 되었기 때문이었습니다. 이벤트는 '게임에 등장하는 좀비들을 수요일 밤에 사무실로 파견하여 야근하고 있는 사원을 쫓아내 드립니다'는 내용이었습니다.

이렇듯 모든 것을 행동으로 생각하면 PR도 제품 PR이 아니라 행동 PR이 됩니다.

연습문제3

바움쿠헨을 먹는 사람이 더 많아지도록 하기 위해서는?

 사범님 안녕하세요. 지난번에 주신 과제를 제출하러 왔습니다.

 음. 이번에는 바움쿠헨이 과제였지? 그래, 어떻게 생각해 보았나?

 바움쿠헨은 색이나 형태가 약간 촌스러우니 말차나 딸기를 활용하여 화려하게 색을 입히면 여성들에게 어필할 수 있지 않을까라고 생각했습니다. 그리고 좀 더 작게 만들면 더 귀엽게 느껴지지 않을까요?

 그래, 확실히 달달한 베이커리의 타깃은 여성이니까 여성의 마음을 사로잡지 않으면 안 되지. 그런데 그 정도로 베이커리 시장을 돌파할 수 있다고 생각한다면 너무 안일한 생각이네. 자네는 백화점 지하 1층의 베이커리 매장을 관찰하고 온 건가?

 실은 어제 오랜만에 둘러봤는데 정말 형형색색의 케이크, 쿠키가 진열되어 있어서 눈이 휘둥그레질 지경이었습니다. 이름도 외국어라 읽기 어려운 것들이 많고, 백화점 첫 출점이라고 하는 매장 앞에는 길게 줄 서 있는 광경도 볼 수 있었고요.

 바움쿠헨은 예전부터 있었고, 사람들 모두가 그 고유의 색, 형태, 맛에 대해 공통의 기억을 가지고 있는 전통 베이커리지. 그런데 일부러 색을

소비자의 행동을 디자인하는 마케팅

바꾸고 형태를 바꾸어 다른 격전지에 진입하는 의미가 있을까?

 지금의 베이커리 시장은 지금까지 보지 못한 새로운 것, 진귀한 것이 주요 경쟁 축입니다. 시각정보를 포함한 정보신선도의 경쟁이라고 할 수 있죠.

 그래, 패션과 마찬가지로 트렌드성 소비인 거지. 베이커리를 좋아하는 여성들 사이에 화제가 되고 그래서 한 번은 먹어보고 싶다고 생각하고 사러오지. 그렇다면 다음 전략은 무엇일 것 같은가?

 다음 시즌에 다른 신작을 내놓지 않으면 질려버리지 않을까요?

 바로 그 점이다. 정보신선도라고 하는 경쟁 축에 들어가면 한번 히트해도 즉시 "ㅇㅇ은 이제 끝이야. 다음은 ㅁㅁ야"라며 여성의 흥미는 다른 곳으로 이동해 버리지.

 그러네요. 전통 베이커리는 트렌드의 파도에 휩쓸리지 않는 내성을 가질 필요가 있다는 것이군요.

 그렇지. 최악인 것은 히트에 마음을 빼앗겨 공장 설비를 확대하고 증산 체제를 마련한 것은 좋으나 붐이 끝나면 설비과잉에 빠지는 패턴이다. 그렇게 되면 안정경영은 어렵지. 일정하게 지속적으로 판매되는 장치를 생각할 필요가 있다. 그렇게 생각하면 누가 타깃이 되겠나? 그리고 무엇이 행동기회가 될까?

행동기회라고 하는 것은 행동 스위치가 켜졌는데 딱 맞는 상품이나 서비스가 없는 미충족 상황을 말하는 것이지요? 아, 맛있는 케이크는 먹고 싶지만 너무 달거나 진한 맛이 싫을 때 그때가 행동기회가 아닐까요?

 그럼 타깃은?

 시니어층이군요. 좀 알아봤는데 바움쿠헨에는 '나이를 먹다'는 의미가 있어서 장수 축하 선물용으로도 사용된다는군요.

 그래. 그래서 경로의 날이나 희수의 축하용 베이커리, 결혼식의 답례품으로 자주 사용되지. 유통기한도 생과자보다 조금 더 길기도 하고. 그런데 그것은 이미 실행되고 있는 행동이다. 시장을 더 확대하고자 한다면 지금까지 없는 새로운 바움쿠헨 행동을 제안하지 않으면 안 된다. 그것을 생각해 보도록. 우선 경쟁제품은 무엇일까?

 시니어층에서 주로 애용하는 대표적인 베이커리는 양갱, 모나카, 카스텔라가 경쟁상대라고 할 수 있겠네요.

 카스텔라는 바움쿠헨과 비슷한 제품이니까 카스텔라를 먹는 사람이 바움쿠헨을 구입할 이유가 없지. 시니어층은 너무 달거나 맛이 진한 것, 유통기한이 너무 빠른 것은 곤란해한다. 거기에 행동기회가 있지 않을까?

 아, 초콜릿이나 생크림이 듬뿍 올라가 있는 케이크 같은 것은 시니어층에게는 좀 힘들지도 모르겠군요.

그러면 홀케이크가 아니라 작은 조각 형태가 좋지 않을까? 베이커리의 소비 주체가 아이에게서 성인으로 옮겨지고 있기 때문에 단가가 높은 소형의 조각 형태가 케이크의 주류가 되고 있지.

 그렇군요. 그러면 홀케이크를 여러 명이서 나누는 장면을 생각하면 되겠군요. 그때 기존 케이크에 대해 좀 부담스럽다고 여기는 성인을 위한 케이크로서 바움쿠헨을 제안하는 것은 어떨까요?

 그래, 그게 바로 노선변경이라는 거지. 그러면 홀케이크를 여러 명이서 나눌 만한 장면은 언제가 될까?

 크리스마스와 생일이죠.

 어느 쪽을 공략해야 할까?

 바움쿠헨이 연륜의 이미지가 있으니 전나무가 심벌인 크리스마스가 딱 맞겠는데요. 아, 그런데 크리스마스는 1년에 한 번 있는 특수 시즌이니까 거기에 맞추려면 생산체제를 다시 설계해야 할 필요가 있겠군요.

 그렇다. 안정적인 생산을 목적으로 한다면 매일이 누군가의 생일이므로 생일케이크로 노선을 잡는 것이 수요는 평준화될 것이다.

 그러면 일반 케이크를 꺼려하는 성인을 위한 생일케이크로 하면 되겠군요.

 그렇게 하려면 어떤 행동유발장치가 필요할까?

모두가 생일을 축하해 주는 행동 안에 바움쿠헨을 어떻게 들여놓을지, 그 장치를 말씀하는 거죠? 음…. 생일 케이크에서 중요한 것은 축하와 파티 분위기라고 생각합니다.

 그건 중요하지. 일반 케이크에는 그 두 가지가 다 내포되어 있다. 그 이상의 축하와 파티 분위기를 담보하지 않으면 바움쿠헨으로 전환해 주지 않을 거야.

 생일케이크라고 하면 초와 생일노래가 있어야죠.

 실은 '지이치로'라는 브랜드로 바움쿠헨을 만들고 있는 (주)야타로라는 회사에서 '성인의 생일파티에 바움쿠헨을'이라는 주제로 워크숍을 한 적이 있다. 거기에서 여러 아이디어를 내서 실증실험을 했는데 무척 재미있는 실험이었다. 여기 그때 찍은 사진이 있으니 보도록.

 아! 바움쿠헨의 가운데 구멍에 초를 꽂았군요.

 그렇지. 중앙에 구멍이 있는 게 다른 베이커리와 구별되는 바움쿠헨의 특징이다. 그래서 그 구멍을 활용하는 아이디어를 여러 가지 생각한 거지. 거기에 선물을 넣는다든지 구멍에 딱 맞는 잔에 술을 넣어 바움쿠헨을 찍어 먹는다는 등등의 아이디어가 나왔다.

 그거 맛있겠는데요. 해보고 싶군요.

 그런데 결국 가장 인기 있었던 것은 방을 어둡게 해서 가운데 꽂아둔 초로 축하를 해준 다음 자른 바움쿠헨을 구워서 먹는 '생일 핫 바움쿠헨 파

소비자의 행동을 디자인하는 마케팅

티'였지.

바움쿠헨을 구워요?

지이치로 바움쿠헨은
유지방이 많아 부드럽
고 촉촉한 것을 자랑으
로 내세우지. 따라서

그림 7-5_ 핫플레이트로 바움쿠헨 파티

그대로 구우면 표면은 바삭하고 안은 촉촉한 것이 언제나 먹던 바움쿠헨
과는 조금 다른 맛을 경험할 수 있지.

사진을 보니 다양한 소스에 찍어 먹네요. 어른용 소스와 아이용 소스를
준비하면 세대를 초월해서 즐길 수 있겠는데요.

그래. 자네가 말한 대로 생일 케이크에는 축하감과 파티성이 있는 행동
유발장치가 필요하다. 성인의 생일을 축하하는 자리라도 거기에 참가하
는 사람이 성인만은 아닐지도 모른다. 폭넓은 세대가 참가하도록 설계하
면 일반 케이크로는 할 수 없는 구워 먹는 바움쿠헨으로 모두가 즐거워
지는 파티성을 장착할 수 있지. 행동유발장치의 의미를 조금은 알 것 같
은가?

네, 감사합니다! 많이 배웠습니다.

8장
왜 편의점 커피가
대히트한 것일까?

한 번 행동한 것으로는 불충분합니다.

계속이야말로 사업수익의 생명선입니다.

행동을 습관화하는 열쇠는 무엇일까요?

'접근성'과 '행동프레밍'이라고 하는 두 키워드로 '행동습관화'의 단서를 찾아봅시다.

행동을 습관화하는 것이 왜 중요할까?

CLV^{Customer Lifetime Value}(고객생애가치)라고 들어본 적이 있을 것입니다. 고객 한 명이 일정 기간 동안 얼마나 자사 제품을 계속 구입해 줄 것인지를 수치로 나타내는 마케팅 지표입니다. 여러분은 자사 제품의 평균 CLV가 얼마인지 계산할 수 있습니까?

나는 젊은 시절부터 교체형 날면도기를 사용하고 있습니다. 그래서 꽤 오랫동안 동일한 브랜드의 면도날을 지속적으로 구입하고 있는데, 면도를 그만두지 않는 한 앞으로도 이 지출은 계속될 것입니다.

그러면 나의 CLV를 대략적으로 계산해 봅시다. 교체형 면도날 여덟 개들이 3200엔, 나는 수염이 그렇게 많지 않아 이것으로 반년은 쓰기 때문에 연간 6400엔, 사용하기 시작한 나이(21세라고 가정)에서 70세까지 계속 사용한다고 하면 매출액은 50년×6400엔 = 32만 엔(면도기 본체도 개당 1000엔 정도하지만 내구성이 있으므로 계산에는 포함하지 않겠습니다)입니다. 이익 금액으로 보면 이보다 더 적을 것입니다. 가령 영업 이익률이 10%라고 하면 겨우 3만 2000엔 정도. 이것이 그 면도날 브랜드에서 나의 CLV입니다.

♣ CLV의 유지가 사업의 생명선

6장에서 '행동목표설정'에 대해 이야기했던 부분을 떠올려 주시기 바랍니다. 행동목표는 고객의 총행동량(금액×인원 수)으로 계산한다고 설명했습니다. 이렇게 보면 제품단가가 낮은 산업에서는 얼마나 많은 고객이 필요한지 알게 될 것입니다.

하지만 많은 고객을 획득하기 위해서는 신규 고객 획득 비용이 듭니다. 교과서적으로 말하면 '신규 고객 획득 비용을 최소화하면서 CLV를 크게 하는 것이 중요하다'고 할 수 있습니다.

그러나 현실은 그게 그렇게 쉬운 일이 아닙니다. 경쟁이 극심할수록 신규 고객 획득비용이 높아집니다. 가격도 올리기 힘들고 1인당 사용량도 그렇게 크게 증가하지 않기 때문에 CLV의 향상에는 한계가 있습니다. 그렇게 되면 마케팅은 무엇에 집중해야 할까요?

그렇습니다. CLV를 계속 유지하는 것, 즉 다른 브랜드로 전환하지 않고 자사 제품에 대한 행동을 지속적으로 유지하도록 하는 것이 성숙시장에서의 생명선입니다. 우리 연구소가 '행동의 습관화'에 주력하는 이유가 여기에 있습니다.

2 어떻게 하면 행동이 습관화될까?

첫 출산에 비해 두 번째 출산은 수월하다는 말을 들어보셨겠지요? 마찬가지로 두 번째 이후의 반복행동은 처음에 비해 그 장벽이 꽤 낮아집니다.

그렇다고 해서 일단 고객을 획득하기만 하면 그다음에는 아무것도 하지 않아도 행동이 지속될 것이라는 생각은 너무 안이합니다. 어떤 습관도 점차 약해지고 종국엔 중지에 이르는 경우가 있기 때문입니다.

이러한 이유로 몇 년 전부터 CRMCustomer Relationship Management(고객관계관리), 즉 기존 고객에 대한 관리가 중요시되고 있는데, 마케팅은 변함없이 신규 고객 획득에 주안을 두고 있습니다.

신규 고객 획득에는 기존 고객을 유지하는 것보다 에너지와 비용이 훨씬 더 많이 듭니다. 신규 고객 획득 비용은 기존 고객 유지 비용의 다섯 배라는 말도 있습니다. 따라서 기존 고객 유지에 더 집중해야 한다고 CRM 중시파는 주장하지만 현실에서는 비용이 다섯 배가 들어도 신규 고객 획득에 주력하는 기업이 많습니다.

❖ 신규 고객 획득은 기존 고객 유지보다 더 많은 비용이 든다

어느 쪽이 옳고 그른지에 대한 시시비비는 일단 접어두고, 여기서는 왜 신규고객의 획득에 이렇게나 큰 에너지가 필요한지를 생각해 봅시다.

앞서도 말했지만 '사람은 이미 어떤 행동이든 하고 있다'는 점이 중요합니다. 즉, 신규 고객이라고 해도 대부분의 경우 '기존 행동을 중지하고 다른 행동으로 전환한다'는 의미에서 실은 '대체행동'인 것입니다.

신규 고객의 획득에 비용이 드는 이유는 소비자가 새로운 행동을 시작하는 비용(리스크)뿐만 아니라 지금 하는 행동을 중지하는 심리적 비용(리스크)까지 중복으로 부담하지 않으면 안 되기 때문입니다.

그중에는 중지하는 것에 실제 비용이 드는 경우도 있습니다. 중도해약으로 위약금을 지불해야 하는 경우 외에도 정기적으로 구입하는 상품이나 회원제 서비스 등은 중지절차가 복잡하고 귀찮아 그대로 지속하는 경우도 드물지 않습니다. 무언가를 중지하고 새로운 것으로 전환하는 '전환비용'은 생각보다 큰 것입니다.

그러면 반대로 왜 기존 고객의 유지에는 그 정도로 비용이 들지 않을까요?

그것은 지금의 행동을 중지하는 데 드는 심리적 비용(리스크)을 지불하고 싶어 하지 않기 때문입니다. 사람은 자신의 행동을 정당화하려는 심리가 있으므로 지금까지 지속해 온 행동에 대한 투자를 부정할 이유가 없는 것입니다.

❖ 습관화는 정신적 비용을 낮춘다

그뿐만이 아닙니다. 사실 동일한 브랜드의 제품을 지속적으로 구입하는 것은 판매자뿐 아니라 구입자에게도 장점이 있습니다. 4장에서 '정신적 비용'에 대해 이야기했듯이, 인생에서 그다지 중요하지 않은 선택은 오히려 머리를 쓰지 않고 처리하는 것이 편합니다.

예를 들어 점유율 1위인 어느 음료 브랜드에 대한 구입행동을 관찰해 보면 구입자들은 대부분 가격표도 주시하지 않고 순간적으로 그 음료를 집어 장바구니에 넣고 그대로 매대를 떠나가는 경우가 많이 나타납니다. 이렇게 되면 다른 브랜드로 전환시키는 것이 매우 어려워집니다. 그것이 부동의 점유율 1위를 자랑하는 대형 브랜드의 강점인 것입니다.

애플사의 창업자 스티브 잡스Steve Jobs가 일생 동안 매일같이 검은색 티셔츠와 청바지로 출근했다는 일화는 유명합니다. 그 이유는 아침에 옷을 고르는데 정신적 에너지를 사용하기 싫기 때문이라는 것입니다.

최고경영자는 매일 중요한 결단을 해야 합니다. 중요하지 않은 일로 정신적 비용을 사용하면 의사결정에 의식을 집중할 수 없게 됩니다. 필자도 매일 아침 남색 양복을 입고 출근합니다. 오래된 습관이라서 아무리 회사가 캐주얼 복장을 허용해 주어도 쉽게 과거의 습관이 바뀌지는 않습니다.

❖ 습관의 중지 이유는 해명하기 어렵다

그렇다면 행동은 어느 정도의 기간이 지나야 습관이 될까요? 습관화의 과정은 어떻게 이루어질까요? 일단 형성된 습관이 약해지고 중지·이탈에 이를 때는 무슨 일이 일어나는 것일까요? 이 점이 분명해지면 CRM 활동에 투자하는 의미나 투자해야 하는 영역이 더 명확해질 것입니다.

그런데 사실 이 과정은 아쉽게도 아직 충분히 밝혀지지 않았습니다. 안개에 둘러싸인 무의식에서의 과정이기 때문입니다. 왜 그 행동을 중지했는지 대놓고 물어도 진짜 이유는 모릅니다. 새로운 것을 시작했을 때의 일은 모두 비교적 잘 기억하는데, 습관은 점진적으로 약해져 가는 것이라서 왜 중지했는지 자각하지 못하는 경우가 의외로 많습니다.

이처럼 지속행동(습관화)의 검증·분석이 어렵다는 이유로 마케팅의 초점이 오랫동안 신규 고객 획득에 맞춰졌는지도 모르겠습니다.

3 기둥 가설

왜 행동이 습관화되는지, 그리고 왜 중지(이탈)에 이르는지에 대한 해명이 왜 어려울까요?

그것은 습관행동이 변화하는 메커니즘을 자세히 조사하려면 대규모 샘플을 확보하고 그 변화를 수년, 경우에 따라서는 수십 년 동안 관찰하지 않으면 안 되기 때문입니다. 이는 비용 면에서나 시간 면에서 현실적이지 않습니다.

마케팅 예산은 대부분 단년도로 운용되며, 담당자도 몇 년 있다가 다른 부서로 이동하는 것이 보통입니다. 학자가 이에 대해 연구를 하고 싶어도 이렇게 오랜 기간을 요하는 학술연구에 연구비를 내줄 기업은 지금 시대에는 없습니다.

습관화 및 중지에 대한 이해가 충분하지 않은 것은 이러한 이유 때문입니다. 하지만 우리 연구소의 행동연구에서는 이 과정의 이해가 꼭 필요합니다. 그래서 2014년에서 2015년에 걸쳐 도쿄대학 첨단과학기술 연구센터에서 인지심리학을 연구하고 있는 와타나베 가쓰미渡邊克巳 부교수(당시)의 감수를 받으면서 일종의 파일럿 조사를 자주적으로 실시했습니다.

지금부터 소개하는 것은 그때의 조사결과를 토대로 세운 우리 연구소의 습관화 과정에 관한 가설입니다. 물론 학술적 연구가 되려면 가설검증을 위한 다양한 조사와 검토를 진행해야 하겠지만, 어디까지나 기업의 마케팅 연구의 일환이므로 학술적 가치는 다소 감안하고 봐주기 바랍니다.

좀 전에 말한 것처럼 습관은 무의식적인 행동에 가까우므로 조사에서 왜 습관화되었는지, 왜 중지했는지를 물어도 '어쩌다 보니'라는 애매모호한 답변만 돌아옵니다. 무리하게 이유를 물으면 그럴싸한 이유를 대겠지만 그것이 진실인지는 의문스럽습니다.

그래서 와타나베 교수와 우리들이 생각한 가설이 '기둥 가설'입니다. 즉, '행동습관에는 그 습관을 받치고 있는 기둥이 존재한다. 그 기둥이 약해지면 행동습관을 받쳐줄 수 없게 되어 중지에 이른다'는 것입니다. 그러므로 어떤 기둥이 존재하는지, 그 기둥이 어떻게 변화해 가는지를 시간축으로 추적해 갈 수 있으면 어느 정도는 습관이 변화하는 메커니즘을 해명할 수 있으리라 생각합니다. 이것이 우리 연구소가 고안한 접근법입니다.

❖ 행동을 받치고 있는 기둥

그러면 어떤 요소가 기둥이 될까요? 우선 실용적인 가치(편익), 즉 맛있다, 향이 좋다, 가격이 저렴하다 등을 생각해 볼 수 있습니다. 의식도 기둥이 됩니다. 재미있다, 기분이 좋다, 설렌다 등과 같은 의식은 명확하게 습관행동의 기둥 역할을 합니다.

그 밖에 친구가 생긴다, 칭찬을 받는다, 다른 사람에게 자랑할 수 있다 등의 사회적 요인도 행동의 습관을 좌우하는 기둥입니다. 근처에서 구입 가능하다, 원할 때 구입 가능하다, 평판이 좋다 등과 같은 요소도 기둥이 될 수 있습니다.

재미있는 이야기를 하나 하겠습니다. 그렇게 좋아하던 오토바이를 최근에 전혀 타지 않게 된 우리 연구소 직원의 이야기입니다.

표면적으로 '아이가 태어나 아이와 함께하는 시간을 우선하게 되어 오토바이를 타는 시간이 줄었다'는 분명한 이유가 있지만, 사실 그는 '근래에 체형이 바뀌어서 좋아하는 가죽 라이더 재킷을 못 입게 되었다'는 것이 더 큰 이유였습니다.

즉, 좋아하는 라이더 재킷이 그의 오토바이 행동을 받치고 있는 핵심기둥이었던 것입니다. 그것이 없어지니까 당연히 우선순위의 균형이 무너지게 된거죠.

이렇게 기둥이 될 만한 후보요소들을 전부 망라해 놓고 최종적으로 그것을 80개 정도로 압축 정리했습니다. 그리고 소비자 조사에서 '특정 행동을할 때 어떤 요소를 어느 정도 의식했는지'를 질문하고, 그 결과를 인자분석이라고 하는 다변량 분석 기법을 통해 비슷한 요인들끼리 일고여덟 개의 그룹으로 묶었습니다(인터넷조사: 수도권 20~50세 남녀 총 1700명 대상. 카테고리에 따라 남녀의 속성, 표본수 상이).

예를 들어 특정 행동을 하는 사람의 대다수가 '나이에 맞다'고 응답한다면 '나이에 맞다'가 그 행동에서 중요한 요소가 됩니다. 게다가 다른 제품 카테고리에서도 그 요소가 공통적으로 나타난다면 그것은 특정 행동을 받치고 있는 기둥이라고 할 수 있습니다. 여기서는 '나이에 맞다'와 동일한 그룹에 속하는 요소라면 그 요소도 마찬가지로 기둥 역할을 할 가능성이 있다고 가정합니다.

한편 소비자 조사는 전혀 다른 세 개의 제품 카테고리에서 동일한 내용으로 실시했습니다. 하나는 교육문화 카테고리. 습관화가 어려운 대표 분야입니다.

또 하나는 커피 카테고리입니다. 우리나라 사람들은 커피를 매우 좋아하고 하루에 여러 잔 마시는 사람도 많습니다. 시장이 크기 때문에 지속적으로 새로운 커피음료가 등장하고 있습니다. 그러므로 전체적으로는 커피행동이 습관처럼 보여도 그 안의 다양한 카테고리(캔커피, 냉장커피 등)로 보면 중지·이탈하거나 새롭게 개시한 행동이 있을 것입니다.

세 번째는 무실리콘 샴푸를 선택했습니다. 이 분야는 수년 전부터 붐이 되었는데 최근에는 조금 가라앉은 느낌이 드는 새로운 카테고리이므로 최근 시작한 사람과 중지·이탈한 사람이 혼재되어 있는 것을 기대한 것입니다.

이 세 카테고리에서 동일한 질문(특정 행동을 할 때 어떤 요소를 어느 정도 의식했는지)을 하고, 비슷한 요소가 나오면 그 요소는 행동을 받치는 기둥이라고 봅니다.

특이하게도 세 카테고리 전부 상위에 올라가는 요소들이 거의 비슷하다는 결과가 나왔고, 반대로 순위에 들지 않는 요소도 세 카테고리 전부 비슷하게 나왔습니다.

❖ 습관행동이 어느 단계에 있는지에 따라 기둥이 변한다

문제는 이다음입니다.

우리가 알고 싶은 것은 습관행동이 변화하는 타이밍입니다. 시간의 흐름 안에서 기둥이 어떻게 변화해 가는지를 알면 행동변화의 요인을 알게 될 것입니다. 그러나 시간변화를 추적하는 것은 무척 어렵습니다. 그래서 와타나베 교수와 우리가 생각한 것이 '단계별 조사'라는 방법이었습니다(그림 8-1).

조사방법은 이렇습니다. 우선 조사 대상자를 세 그룹으로 나눕니다. 첫 번째는 특정 습관행동에 투입하는 자원(돈, 시간, 빈도)이 증가하는 단계에 있는 사람(앞으로 증가할 것으로 생각하는 사람도 포함)입니다. 이는 그 행동이 습관이 되기 시작한 신규 진입층을 대상으로 하지만, 그중에는 오랫동안 지속하고 있으나 아직도 투입자원이 증가하고 있는 사람도 포함되어 있을 수 있습니다. 이 단계를 '학습기'라고 이름 붙였습니다.

두 번째는 특정 습관행동에 투입하는 자원이 증가도 감소도 하지 않는 단계에 있는 사람으로서, 이를 '안정기'라고 붙였습니다. 비행기가 이륙하고 조금 지나면 관성비행상태로 옮겨갑니다. 그와 비슷하다고 보면 됩니다.

세 번째는 특정 습관행동에 투입하는 자원(빈도)이 감소하거나 또는 감소

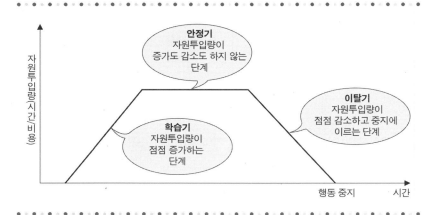

그림 8-1_ 3단계 가설

할 것으로 생각하는 사람입니다. 이 단계를 '이탈기'라고 이름 붙였습니다.

각 단계는 물리적인 시간경과보다 당사자의 그 행동에 대한 관여도·관심도를 반영하고 있습니다. 또한 싫증을 잘 내거나 변화를 싫어하는 등 당사자의 특성과 제품 카테고리에 따라 단계별 기간이 달라집니다. 단순히 '행동시작 후 몇 년 경과하면 다음 단계로 간다'라고 단정 지을 수 없습니다.

그러므로 학습기에 진입한 지 얼마 되지 않았는데 안정기에 들어서거나 재빨리 이탈기로 들어선 사람도 혼재되어 있을 것입니다(다만 무실리콘 샴푸는 출시 이후 그다지 시간이 경과하지 않은 카테고리이며, 아울러 샴푸에 지출하는 비용은 서서히 증가하거나 감소하는 것이 아니므로 사용시작점을 기준으로 학습기와 안정기를 기간으로 구분했습니다. 이탈기는 다른 카테고리와 마찬가지로 투입자원의 증감으로 구분합니다).

그림 8-2_ 행동을 받치고 있는 기둥

❖ 기둥이 약해지면 행동도 약해진다

그리고 각 단계별로 앞서 말한 기둥요소에 대한 평가를 받아 평균치를 비교해 보았습니다. 그러자 세 카테고리 모두 공통적으로 단계마다 반응이 크게 다르다는 사실을 알 수 있었습니다.

예를 들어 학습기에서는 기둥에 대한 평가가 전반적으로 높습니다. 특히 상위의 요소(설렌다, 나에게 맞다, 자신의 가능성이 커진다 등)가 높게 나타났습니다. 그런데 이탈기에서는 모든 요소의 평가가 극단적으로 낮아집니다. 특히 학습기에서 상위였던 요소, 이를테면 설렌다, 나에게 맞다 등의 평가가 크게 떨어졌습니다. 안정기에서의 점수는 대체로 그 중간이었습니다.

즉, 행동을 받치고 있는 기둥이 각 단계마다 존재하며, 기둥의 약화(평가저하)가 습관행동을 약화시키고 중지·이탈에 이른다는 사실이 명확해졌습니다.

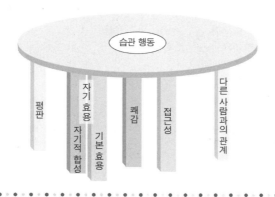

그림 8-3_ 쾌·근·효 기둥

4 행동을 받치고 있는 세 기둥 — 쾌·근·효

우리는 두 가지 기준에서 행동의 습관화에 영향을 미치는 기둥을 특정하기로 했습니다. 하나는 안정기와 이탈기의 폭입니다.

앞서 말한 '사람의 습관행동은 돈이나 시간 등의 자원투입이 서서히 증가해 가고(학습기), 그 후 자원이 증가도 감소도 하지 않는 단계(안정기)를 거쳐 어느 날부터 자원투입이 감소하고 이탈·중지(이탈기)에 이른다'는 논거에 따르면, 안정기에서 이탈기에 걸쳐 감소폭이 큰 요소가 행동습관을 받치고 있던 핵심기둥이 되는 것입니다.

또 하나는 인자분석에서 얻어진 인자 집합군입니다. 하나하나의 요소를 보는 것이 아니라 감소폭이 큰 요소들끼리 하나로 묶어 이것을 '기둥'이라고 보았습니다. 가느다란 철근이 모여 하나의 기둥을 구성하고 있다고 보면 됩니다.

그 결과 다섯 개의 기둥이 추출되었습니다. 그중에서 학습기나 안정기에서 상위에 있는데 이탈기에서도 크게 점수가 떨어지지 않는(감소폭이 적음) 두 개의 기둥은 보조기둥으로 두었습니다. 이 두 기둥은 **평판**(평가가 좋다, 화제가 되고 있다 등의 요소가 포함되는 인자 집합군)과 **다른 사람과의 관계**(다른 사람에게 자랑할 수 있다, 친구와 친밀해진다 등의 요소가 포함되는 인자 집합군)입니다.

❖ 습관행동을 받치고 있는 세 개의 기둥

결론적으로 행동을 습관화하는 핵심기둥은 다음의 세 가지 인자 집합군입니다.

⊃ 기둥 ①: 쾌감(快感)

이는 '즐겁다', '기분이 좋다' 등의 인자 집합군입니다. 어느 제품 카테고리나 이탈기에서는 이 쾌감평가가 떨어집니다. 결국 '즐겁지 않으면 지속되지 않는다'는 의미입니다.

흥미로운 사실은 남성만 조사한 커피에서 '향이 좋다'는 요소는 쾌감이 아니라 '자기효용'이라고 하는 세 번째 기둥에 속하는데, 여성만 조사한 샴푸에서 '향이 좋다'는 요소는 '쾌감'에 속한다는 점입니다. 여성에게 향은 매우 중요한 쾌감 요소인 것입니다.

커피에서는 '가격이 저렴', '나에게 알맞은 비용', '자택이나 직장에서 가깝고 구입이 용이', '지금의 나에게 어울린다' 등 '부담 없음, 간편함'과 관련한 요소가 항상 상위에 옵니다. 이들 요소를 '접근성accessibility'이라고 규정하겠습니다.

교육문화 카테고리에서는 '자택이나 직장에서 가깝다·다니기 쉽다', '가격이 저렴', '나에게 알맞은 비용' 등의 요소와 더불어 '내가 편한 시간에 배울 수 있다', '준비물 없이 다닐 수 있다', '맞춤형 수업이 가능하다' 등의 요소가 접근성에 해당합니다.

이와 같이 샴푸를 제외한 두 카테고리에서는 '물리적·거리적 근접함'과 '저렴하고 알맞은 가격', '자신의 상황에 맞다'고 하는 요소들을 접근성(쉽게 받아들일 수 있다)으로 인식하고 있다는 것을 알았습니다(참고로 샴푸에서는 '언제나 구입하는 매장에서 구입 가능', '자택이나 직장에서 가깝고 구입이 용이' 등이 접근성 요소지만, 인자분석에서는 '저렴한 가격'이 독립적 요인으로 나타났습니다. 이는 다른 카테고리보다 특히 가격지향이 강하다는 의미입니다).

샴푸의 설명이 명확하지 못한 것이 아쉽지만, 가설로서 정리해 보면 접근성 기둥에는 단순히 물리적인 거리뿐만 아니라 가격평가도 포함되어 있다고 생각할 수 있습니다.

이는 앞서 말한 '다섯 가지 비용'을 생각하면 납득이 가는 가설입니다. 비용은 금전뿐만이 아닙니다. 가깝다는 것은 육체적 비용, 시간적 비용을 절약해 줍니다.

접근성은 전체 비용에 반비례하는 지표라고 할 수 있습니다. 즉, 지불해야 하는 '전체 에너지 비용이 적은 것이 행동의 개시뿐 아니라 습관화도 만들어주고 있다'는 사실이 이번 조사를 통해서 얻은 하나의 결론입니다.

인간은 에너지 비용에 매우 민감한 존재입니다. 이전보다 에너지 비용이 높다는 느낌이 들기 시작하면 그 행동의 이탈·중지를 고려합니다.

장거리 연애가 로맨틱하지만 지속되지 않는 이유는 바로 이 같은 접근성의 문제가 아닐까요?

⊃ 기둥 ③ : 자기효용(효效)

이는 **기본효용** 요소(커피에서는 맛있다, 힐링된다, 향이 좋다 등, 교육문화에서는 교양을 쌓을 수 있다 등, 샴푸에서는 거품이 풍성하다 등)와 **자기적합** 요소(나에게 맞다, 나이에 어울린다, 활력이 생긴다 등)가 합쳐진 그룹입니다. 다시 말해 '지금의 나에게 좋은 것, 의미 있는 것'이라는 인식입니다.

여기서는 많은 사람에게 절대적으로 좋은 것이 아니라 어디까지나 자신에게 좋은지의 여부가 행동의 지속에 영향을 미친다고 할 수 있습니다.

5장의 행동기회부분에서도 말했지만, '예전에는 마음에 들었는데 요즘엔 왠지 안 맞는 느낌이 든다'고 생각될 때는 그 행동이 약해지는 때입니다. 즉, 그 대상이 아무리 가치 있는 것이라고 해도 지금의 나에게 좋다는 평가를 할 수 없게 된다면 그 행동은 이탈·중지에 이를 가능성이 있는 것입니다.

①~③의 세 개의 기둥을 정리하면 다음과 같습니다.

① 쾌快: 쾌감 기둥

② 근近: 접근성의 기둥

③ 효效: 자기효용, 즉 자신에게 좋은 것인지의 가치평가 기둥

5 쾌감 마케팅에는 큰 가능성이 있다

기존 마케팅, 특히 브랜드 가치를 올려 지속적으로 고객을 획득, 유지하고자 하는 브랜드 마케팅에서는 '기능적 가치보다 정서적 가치를 소구하여 애착을 형성하고 재구매 행동을 정착시킨다'는 전략이 주류였습니다. 기능(외적·물리적 요인)보다 정서(내면적·심리적 요인)가 상위에 있다는 근대적 사상이 그 배경에 뿌리 깊게 자리하고 있습니다(그림 8-4).

그러나 이번 조사에서 도출된 '쾌·근·효' 모델은 본능적·신체적 욕구에 가까운 요소가 행동의 습관이나 중지를 좌우하고 있을 가능성을 시사합니다.

습관화 과정의 해명은 이제 막 시작되었으나 앞으로 인지심리학이나 뇌과학의 발전에 따라 조금씩 여러 가지가 밝혀질 것입니다. 특히 쾌감요소를 중시한 이른바 '쾌감 마케팅' 같은 것은 이미 실행단계까지 와 있다는 느낌이 듭니다.

어느 스포츠센터는 벽에 거울을 붙여놓지 않는다고 합니다. 지금까지의 스포츠센터 업계에서는 거울에 비치는 자신의 몸을 보는 것이 트레이닝을 지속하게 하는 동기부여라고 여겼습니다. 그러나 자신의 피부나 외모에 자신이 없는 시니어 회원에게는 거울을 보는 것이 괴로움이 될 수 있습니다.

즉, 특정 타깃층에게는 거울이 없는 방이 쾌감을 높일 수 있습니다.

이렇듯 쾌감을 소구할 때는 자기효용과 마찬가지로 누구를 위한 것인지 타깃팅을 고려할 필요가 있습니다. 타깃을 여성으로 할 때는 향기와 같은 여성 특유의 기호성을 고려하는 것이 좋습니다. 요즘에는 좋은 향을 소구 포인트로 한 세탁제품도 증가하고 있습니다. 이것도 일종의 쾌감 마케팅이라고 할 수 있습니다.

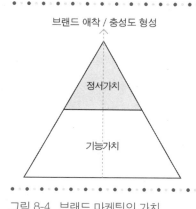

브랜드 애착 / 충성도 형성

정서가치

기능가치

그림 8-4_ 브랜드 마케팅의 가치

❖ 쾌감의 저하가 행동을 약하게 한다

5장에서 '행동기회'에 대해 설명했습니다. 아무리 강한 습관행동도 약해지는 때가 있다는 이야기인데 이것도 쾌감과 관계있습니다.

앞서 본 예로 말하면 '나이가 드니 진한 국물의 라면이 맛있게 느껴지지 않는다', '체형 변화로 좋아하는 라이터 재킷을 못 입게 되었다' 등과 같은 변화는 쾌감의 저하입니다.

결혼, 전직, 이사 등의 생활환경 변화도 이전부터 지속해 온 습관의 중지·이탈이 일어나기 쉬운 상황입니다. 그전에는 신경 쓰이지 않던 것이 갑자기 신경이 쓰이고, 이전보다 즐겁지 않고, 기분이 좋아지지도 않는다 등의 감각이 발생할 수 있기 때문입니다.

그렇게 되면 그때까지의 행동에 대해 재검토하게 되고 그 행동을 지속해야 하는지의 판단을 내립니다. 물론 그 과정의 대부분은 무의식 속에서 일어납니다. 실제 우리가 자각하는 것은 '왠지 모르게 위화감을 느낀다'는 정도지만, 그것이 행동이 중지·이탈하는 전조 현상인 것입니다.

새로운 행동을 유발하려는 쪽은 이러한 위화감을 행동기회로 보고 끼어들어 가지만, 반대로 지금의 행동을 지키려는 쪽은 어떻게 하면 좋을까요?

이는 타깃층의 가령加齡 등 생리적 변화나 이사 등의 물리적 변화가 요인이므로 근본적인 방어책이 없을지도 모릅니다. 그러나 사용자의 생활을 면밀히 관찰하면 타깃층의 쾌감이 떨어지지 않도록 하는 방법을 찾아낼 수도 있습니다. 얼마 전에 어느 신문사가 활자 크기를 확대하겠다고 발표한 적이 있습니다. 중심 독자층이 고령화됨으로 인해 그들의 쾌감을 떨어뜨리지 않기 위한 효과적인 대책이었다고 생각합니다.

6 접근성에서 생각한다

'쾌·근·효'와 비슷한 키워드를 들어본 적이 있지 않습니까? 지난 5월의 긴 황금연휴를 보내는 키워드가 '안安·근近·단短'이었습니다.

이 안·근·단은 여기서 말하는 접근성과 같습니다. 휴가행동의 핵심요소는 역시 접근성이었습니다.

행동을 습관화하는 3요소, 즉 쾌감, 접근성, 자기효용 중에서 특히 중요한 것이 접근성이 아닐까 생각합니다. 이는 '비용감'과 관계있기 때문입니다. 이것은 무엇을 시사할까요?

우리 연구소가 행동디자인을 지향하는 이유 중 하나는 가격 소구에 의지하지 않는 마케팅의 실현입니다.

가격할인보다 더 좋은 판촉수단은 없다고 단언하는 사람도 있습니다. 확실히 저렴한 가격은 행동을 환기하는 중요한 요소입니다. 그러나 저가전략 말고도 방법은 있습니다. 게다가 이렇게 오랫동안 경기침체가 이어지는 중에 그 이상의 가격할인은 악영향이 되어 돌아올지도 모릅니다.

가격도 포함한 종합적인 구입 용이성 = 접근성이 중요하다고 하는 이번 조사결과는 가격 마케팅에서 벗어나야 하는 단서를 제공해 주었습니다. 물론 가격이 높은 쪽이 좋다고 하는 뜻은 아닙니다. 다만 무턱대고 저렴하게만 할 것이 아니라 '구입하기 쉬운 가격'으로 하는 것이 중요하다는 의미입니다.

✤ 왜 '균일가'에 반응하는 것일까?

'원코인'이라고 하는 마케팅이 있습니다. '100엔 균일'을 표방하는 매장은 지금까지 '저가' 때문에 집객에 성공했다고 여겨졌습니다. 그런 측면이 있는 것은 사실이지만 '구입 용이성' 측면도 있습니다. 구입하고자 하는 개수×100엔으로 가격계산이 가능하다는 것은 암산이 어려운 사람에게 매우 편리한 가치입니다.

500엔 균일, 1000엔 균일 또는 세 개에 1000엔도 저렴함과 함께 구입의 용이함을 주고 있습니다.

지금은 놀랄 일이 아닌 '무한리필', '무제한' 같은, 이른바 정액제도 마찬가지입니다. 이는 계산해 보기 전까지 금액이 확정되지 않는다는 리스크를 해소해 줍니다.

한편 '잔돈이 없다' 또는 '소액의 잔돈을 거슬러 받는다'는 것은 저렴함과는 다른 가치입니다. 전자지갑이 확산되는 배경에는 잔돈을 내고 받는 것에 저항감을 가지는 사람의 심리가 작용하고 있습니다. 소액의 잔돈을 받는 것도 잔돈이 없어서 지폐를 사용하지 않으면 안 되는 것도 둘 다 접근성이 떨어지는 상황입니다.

지난번 어느 점포의 계산대 옆에 1엔을 가득 넣어둔 상자가 놓여 있었습니다. 1엔, 2엔이 부족해서 지폐를 내야 하는 고객이 그 상자에서 부족한 우수리 금액을 보충하도록 한 것입니다. 지폐를 사용하고 싶지 않아 구매를 포기한 고객의 마음을 잘 이해하고 있는 시책이었습니다.

이것도 접근성 향상을 위한 좋은 방법의 예입니다.

7 왜 편의점 커피는 대히트한 것일까?

이렇게 보면, 접근성을 담보할 수 있다면 무리한 가격할인은 필요하지 않을 수도 있을 것 같습니다. 지금 제공하고 있는 서비스가 정말 사용자에게 접근성이 좋은 것인지, 더 좋게 할 수는 없는지 등을 검증해 보는 것이 중요합니다. 소비자 입장에서 보면 깨닫지 못한, 또는 경시하던 좋지 못한 접근성이 보일 것입니다.

어느 택시회사가 '단거리 고객 대환영'이라는 메시지를 소구한 결과 고객이 대폭 늘었다는 이야기를 들은 적이 있습니다. 택시회사 입장에서는 빈 차로 달리는 것보다 단거리 요금이라도 많은 사람이 이용하는 것이 좋습니다.

그러나 택시 운전기사는 단거리 고객을 경원하는 경향이 있습니다. 그래서 지금까지 택시를 이용하지 않던 사람들이 그 메시지를 보고 안심하고 가까운 역이나 마트, 병원까지 택시를 이용하게 된 것입니다. 이는 접근성의 개선을 보여주는 예입니다.

만약 가깝고 편리하다는 가치를 제공하는 기업이 구입 용이성을 부가한다면 아마 최강의 전략이 될 것입니다.

❖ 편의점 커피는 접근성이 강점

편의점은 말 그대로 '가깝고 편리한' 가치의 제공으로 성공한 비즈니스입니다. 거기에서 판매하는 커피가 단돈 100엔이라고 하면 편의점 커피는 바쁜 아침에 매우 접근성이 좋은 구매행동이라고 할 수 있습니다. 커피는 하루에 몇 번이고 마시는 음료이므로 사실상 접근성이 중요한 카테고리입니다. 따라서 편의점 커피의 성공은 저가전략이 아니라 접근성전략의 성공인 것입니다.

스탠포드 대학의 퍼스웨이시브 테크놀로지 연구소 소장 B. J.포그Fogg 박사가 '포그식 행동모델'이라고 하는 방정식($B = M \times A \times T$)을 제창했습니다. B는 행동Behavior, M은 동기Motivation, A는 능력Ability, T는 계기Tigger. 이 세 가지가 갖춰지지 않으면 행동이 발생하지 않는다는 이론입니다. 이 이론을 자신의 저서에서 소개한 니르 이얄Nir Eyal은 '동기를 높이는 데에는 비용이 들고 시간도 요하므로 능력을 향상시키는 방법을 우선적으로 생각해야 한다'고 말하고 있습니다(『Hooked: 습관을 만드는 신상품 개발모델 How to

Build Habit-Forming Products』, 2014).

$$B(\text{행동}) = M(\text{동기}) \times A(\text{능력}) \times T(\text{계기})$$

이는 우리 연구소가 말하는 접근성과 매우 유사합니다. 애플리케이션 등의 온라인 서비스를 습관적으로 사용하도록 하기 위해서는 보다 사용하기 쉬운 심플한 설계가 필요하다는 것이 그의 제언이지만, 우리는 온라인뿐만 아니라 오프라인의 실제 상품/서비스에서도 접근성이 중요하다고 생각합니다.

8 영원히 학습기에 머물도록 하라

앞서 소개한 조사결과의 또 하나의 시사점은 학습기의 중요성입니다. 학습기, 즉 투입하는 자원이 증가하는 단계에서는 다수의 기둥요소들이 강하게 작용하고 있다는 것을 알 수 있습니다.

교육문화 카테고리에서는 '자신의 가능성이 넓어진다', '점점 발전한다' 등의 요소가 강하게 나타납니다.

게임으로 말하면 새로운 적이 계속 등장하지만 자신의 기술도 올라가기 때문에 적을 물리치고 또 다른 새로운 전투에 돌입하는, 이른바 '의욕이 왕성한 때'입니다.

게임 비즈니스가 겨냥하는 것이 바로 이 단계에 있는 회원들입니다. 만약 그들이 게임에 싫증을 느끼면 돈을 지불하고 아이템을 구입하는 동기가

소비자의 행동을 디자인하는 마케팅

사라집니다. 그렇게 되지 않기 위해서는 항상 새로운 위기나 이벤트를 준비하고 사용자가 싫증나지 않도록 하는 것이 중요합니다. 학습기에서 안정기로 이행시키지 않고 학습기를 지속적으로 유지시키는 것이 행동을 지속시키는 포인트입니다.

테마파크는 재방문 확보가 대명제입니다. 매년 대형 놀이기구를 새로 도입할 수 있으면 문제없지만, 그것은 현실적으로 쉽지 않습니다. 그러면 1회 방문으로는 전체를 파악하기 힘들게 해놓고 다시 방문하게끔 유도해야 합니다.

그를 위해서는 일부러 테마파크 전부를 단번에 돌아볼 수 없도록 하는 설계를 고민해야 합니다. 미로처럼 해놓고 몇 번 와도 처음 온 듯한 느낌이 들도록 하는 것도 하나의 방법입니다.

도심부에 있는 상업시설은 의도적으로 계단이나 모퉁이를 설계해 넣고 미로적인 공간을 만듭니다. 익숙해지지 않으면 정말 미아가 된 듯하여 곤란한데, 그 또한 갈 때마다 신선하게 느껴지도록 하는 효과를 유발합니다.

반대로 지나치게 배리어프리barrier free를 추구하여 효율성을 올리면 올릴수록 두세 번의 방문으로 새로운 발견이 없어질 가능성이 있습니다. 이탈하지 않고 재방문을 확보하기 위해서는 내방자가 학습기 안에 머물도록 하는 장치가 필수라고 할 수 있습니다.

♣ 안정기는 이탈기의 시작

원래 우리는 안정기가 가장 중요하고 기간이 긴 단계라는 가설을 세웠습니다. 그러나 안정기에서는 이미 기둥요소의 점수가 떨어지기 시작합니다.

그렇다면 안정기는 이미 이탈기의 시작일지도 모릅니다.

이를 연애에 비유해 보면 알기 쉬울 것입니다. 만난 지 얼마 안 된 두 사람은 언제나 설레고 어떠한 것이든 신선하게 느낍니다. 하지만 서서히 그런 감정은 사라지고 매너리즘에 빠지게 됩니다. 예전처럼 그렇게 설레지 않는 것이죠. 그렇게 되면 이별의 날도 그렇게 먼 미래는 아닙니다. 그야말로 안정기는 이탈기의 시작인 것입니다.

이러한 분석을 바탕으로 우리가 수정한 모델은 그림 8-5와 같습니다.

사람은 학습기에 있는 한 그 행동은 순조롭게 반복되고 습관이 되어갑니다. 그러나 자신도 인식하지 못하는 어떤 이유로 행동을 받치고 있던 기둥이 약해지면 그 행동은 약화되고 자원이 증가도 감소도 하지 않는 균형단계로 이동합니다. 그것이 안정기입니다. 그리고 기둥이 더욱 약해질 때 균형이 무너지고 행동이 중지·이탈에 이르게 됩니다.

게임으로 말하면 자신이 어느 정도 강해졌기 때문에 아이템을 구입할 필요를 느끼지 못하고 있다가 갑자기 나타난 강적에게 이길 수 없게 되자 재미가 없어지는 상황입니다.

그렇게 되었을 때는 앞서 말한 CRM 시책을 써봐도 이미 늦었습니다. 애초에 출구가 보이지 않는 미로에 끌어들여 싫증나지 않도록 노력할 필요가 있습니다.

❖ 습관화 모델은 하나만 있지 않다

와인이나 골동품 등을 대할 때 우리는 자주 '심오하다'는 표현을 합니다. 그것에 대해 알아가면 알아갈수록 그 세계가 깊고 복잡하기 때문에 모든

소비자의 행동을 디자인하는 마케팅

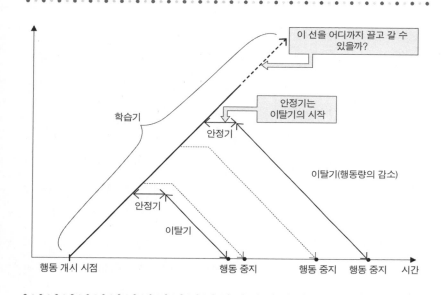

이 선을 어디까지 끌고 갈 수 있을까?

안정기는 이탈기의 시작

학습기

안정기

이탈기(행동량의 감소)

안정기

이탈기

행동 개시 시점 　　　행동 중지 　　행동 중지 　행동 중지 　시간

그림 8-5_ 3단계의 수정가설

것을 다 알게 되었다 말할 수 없는 분야입니다. 이런 세계는 영원한 학습기라고 할 수 있습니다. 잡지를 매월 분책으로 발행하고 그것을 1년에 걸쳐 완성된 한 권으로 모아가는 파트워크part work라는 출판방법이 있습니다. 이것도 학습기를 지연시켜 구매행동을 지속·습관화하는 방법입니다.

　이 장에서는 '쾌·근·효'를 키워드로 행동의 습관화를 이루는 요소에 대해 설명했습니다. '쾌·근·효'는 행동을 습관화하기 위해서는 사람의 신체적·생리적인 감각에 작용하는 것이 중요하다는 사실을 시사해 줍니다. 이는 '몸이 움직이면 마음도 움직인다'는 우리 연구소의 지견과도 어긋나지 않습니다.

8장 • 왜 편의점 커피가 대히트한 것일까?

그러나 이 '쾌·근·효'만이 행동을 습관화하는 것은 아닙니다. 오히려 이것은 특정 행동에서 이탈하지 않도록 하기 위해 거쳐야 하는 체크포인트 같은 것입니다. 지금 같은 경쟁환경에서는 쾌감, 접근성, 자기효용 중 최소 하나라도 갖추지 않으면 애초에 구매되기 어렵고 구입했다고 해도 그 행동이 지속될 수 없습니다.

　　4장에서 소개한 주기화, 매일화 등의 방법도 행동을 습관적으로 반복하게 하는 장치가 됩니다. 이 밖에도 사례를 더 많이 보면 다른 방법도 발견하게 될 것입니다. 우리 연구소의 습관화에 관한 연구는 이제 막 출발지점에서 한 걸음 내디뎠을 뿐입니다.

　　행동데이터가 정비되면 중장기적인 시간추적도 가능해질 것입니다. 이미 개인의 구매이력으로 계속, 중지, 전환을 파악하는 구매데이터가 정비되고 있습니다. 앞으로는 이러한 행동데이터와 심리학이나 사회학 등 인간과학, 뇌과학 등과의 복합적 학술적인 연구성과를 기대합니다.

소비자의 행동을 디자인하는 마케팅

연습문제4

우리나라 사람들이 쌀을 더 많이 소비하도록 하기 위해서는?

 사범님. 안녕하세요? 오늘로 마지막이군요. 잘 부탁드립니다.

 벌써 그렇게 되었군. 이제 어느 정도 맥을 좀 잡은 것 같으니 회사로 돌아가 갈고 닦은 것을 시험해 보도록 하게.

 네. 그런데 오늘 과제는 무엇인가요? 미리 과제를 내주시지 않은 건 즉석에서 생각해 보라는 의미인가요?

 그렇다. 오늘 과제는 꽤 난이도가 높기 때문에 즉흥으로 답을 할 수 있으면 상당히 실력이 붙었다고 생각해도 좋아. 자, 지금 바닥에 있는 이것이 무엇인지 알겠나?

 쌀가마? 아, 쌀이 과제입니까?

 그래. 지금 우리나라 사람들의 쌀 이탈현상이 멈추지 않아. 전 국민이 한 끼에 한입만 먹어도 식량자급률이 1% 올라가지. 그래서 정부도 그것을 목표로 다양한 방법을 써보는데 이렇다 할 성과가 없는 것이 현상이다. 그런데 자네는 매일 밥을 먹나?

 저는 밥을 좋아하지만, 어제 낮에는 파스타, 밤에는 라면을 먹었네요. 오늘 아침은 빵, 점심은 카레우동. 그러고 보니 생각보다 쌀을 먹고 있지 않네요.

 예전에 비해 다른 대안이 많아진 것이 쌀 소비량 감소의 이유 중 하나지.

 쌀은 살찐다는 이미지가 있어서 젊은 여성이 다이어트를 위해 밥을 안 먹기도 하지요.

 사실 지금은 여성의 저영양이 오히려 문제가 되고 있어. 탄수화물을 너무 섭취하지 않아서 총칼로리가 부족해진 거지. 쌀은 단백질도 균형 있게 함유되어 있고 포만감도 좋아서 밀가루로 만든 빵이나 면에 비해 쌀이 살찌기 쉽다는 것은 오해다. 이 사실을 이전부터 계속 알리고 있는데 좀처럼 침투되지 않는 모양이군.

 최근에는 글루텐 프리 때문에 쌀이 다시 주목받고 있잖아요.

 그래서 이슈는 되고 있지만 실제 쌀 소비로 이어지지 않는 것이 문제인 거지. 자, 자네 아이디어를 들어볼까?

 어떤 행동스위치나 행동기회가 있는지를 보라는 거군요. 밥그릇에 가득 담긴 막 지은 밥 사진을 보면 군침이 돌죠. 연기가 모락모락 피어오르는 밥 사진을 여기저기 게재하는 것은 어떻습니까? 일종의 행동스위치가 되지 않을까요?

 자네는 쌀 이탈이라고 하는 현상과 쌀에 대한 인식의 관계를 생각해 보았는가? 쌀이 싫어졌기 때문에 먹지 않게 된 것일까? 좀 전에 자네는 밥을 좋아한다고 말했지만 실제는 먹지 않았지?

의식과 행동이 반드시 관계가 있는 것은 아니라는 말씀을 하고 싶으신 거죠? 그런데 김이 모락모락 나는 따끈따끈한 밥을 거부할 사람은 없을 거예요. 실제 음식점에서 솥밥이 나오면 한 그릇을 다 먹게 되잖아요.

 그럼. 그런 밥은 거절할 수가 없지. 더욱이 밥도둑이 되는 반찬이라도 있으면 멈출 수가 없어. 이것이 쌀의 힘이다. 그 정도로 매력적인 대상인데 왜 이탈하는 사람이 많아지는 것일까?

 아! 반대군요. 쌀이 맛이 없어서가 아니라 오히려 너무 맛있어서 많이 먹게 되는 것을 염려해서 쌀을 멀리하는지도 모르겠군요. 그러면 쌀을 좀 더 먹기 힘들게 하는 것은 어떨까요? 이를테면 현미식을 권장한다든가.

 확실히 현미는 더 주목받아도 좋다고 생각한다. 물에 불려야 하는 문제는 있지만 많이 씻지 않아도 되고 무엇보다 몸에 좋은 영양분이 백미에 비해 다량 함유되어 있지. 백미는 식감도 좋고 보기에도 좋지만 실은 쌀눈에 있는 영양소를 제거한 음식이지.

 현미라는 명칭도 바꾸는 게 좋을 것 같아요. 백미를 흰밥이라고 한다면 현미를 황금밥이라고 부르면요?

 즉흥적으로 생각한 것치고는 좋은 아이디어로군. 그래, 백미가 위, 현미가 아래라는 서열 프레임을 바꾸지 않으면 안 된다. 지금은 건강에 관심이 높으니 일단 현미의 영양기능성이 제대로 전달되면 현미식이 더 증가할 가능성이 있지. 그런데 여기서 주의해야 할 포인트가 있는데 무엇일까?

 아! '쾌·근·효'군요. 습관화시키기 위해서는 어찌되었든 즐거움이 있을 것, 접근성이 좋을 것, 자신에게 좋은 게 있을 것. 이것을 충족해야 한다는 것이군요.

 건강의식이 높은 사람에게는 현미의 영양 기능성이 자신에게 이점이 되니까 '효' 부분은 충족되지. 문제는 접근성과 쾌감요소다. 어떻게 하면 좋을까?

 집에서 현미밥을 짓는 건 좀 귀찮은 일이라는 생각이 듭니다. 외식에서 현미밥을 선택할 수 있으면 편하고 좋겠군요. 메뉴에 따라서는 쾌감도 담보할 수 있습니다.

 어떤 메뉴라면 쾌감으로 이어질까?

 늘 먹는 백미 메뉴를 현미로 바꾸는 것만으로는 솔직히 그렇게 즐겁지는 않을 것 같습니다. 음…. 국물이나 기름기가 많은 음식에는 수분이 많은 백미보다 오히려 현미가 더 맞을지도 모르겠군요.

 인도요리나 태국요리 등에 현미가 잘 맞지. 중화풍 요리에도 시험해 봤는데 꽤 어울리더군.

 백미식사를 갑자기 현미로 바꾸는 것이 아니라 중화풍에 맞춘다고 하는 것은 일종의 노선변경법이 아닌가요?

소비자의 행동을 디자인하는 마케팅

정답. 우리나라 식단이 이 정도로 서구화·다국적화되고 있다면 주식인 쌀을 거기에 맞게 진화시켜야 한다. 그런데 우리나라 사람들은 방금 지은 따끈따끈한 밥과 국, 반찬 등의 식탁에 너무 매여 있는 것 같아. 실제 그런 식사를 하는 빈도는 꽤 줄어들었는데 말야.

 뇌 속에 있는 기존 프레임을 전환시키는 행동 프레이밍을 생각해야 한다는 거군요. 쌀을 활용한 서양음식을 역수입하는 발상은 어떻습니까?

 그거 좋군. 우리나라의 커피문화를 스타벅스가 석권한 것처럼 해외에서 인기 있는 음식은 반드시라고 해도 좋을 만큼 우리나라에 상륙해 들어오거든.

 외국사람들도 스시를 좋아하지만 날생선을 못 먹는 사람도 있으니 그런 사람들이 좋아할 만한 스시 메뉴를 개발해서 그것을 역수입하는 것이 좋지 않을까요?

 확실히 캘리포니아롤 같은 것은 역수입해서 잘 정착한 메뉴지.

 생선만 고집하지 않아도 좋지 않을까요? 스시라고 생각하지 말고 SUSHI라고 생각하면 육고기로 만든 스시도 만들 수 있을 거예요.

 스시는 먹고 싶지만 날생선이 거북하다면 거기에 행동기회가 있다. 우리나라에서도 서구화된 식사로 생선기피가 진행되고 있고, 특히 앞으로의 젊은 세대는 고기와 채소를 밥에 얹은 새로운 SUSHI를 대환영할지도 모르지.

고기와 채소로 구성된 SUSHI는 스시의 진화라고 할 수 있겠네요. 한 손으로 먹을 수 있다는 것도 좋은 점이죠.

 그거라면 이미 주먹밥이 있지 않은가? 물론 주먹밥에 비해 스시가 외국인에게는 더 인기가 있다고 생각되지만. 무엇이 다를까?

 주먹밥은 어머니, 할머니의 손맛이죠. 스시는 장인이 만들어내는 예술품 같은 것. 그래서 스시를 두고 흔히 예술 같은 맛이라고 하지 않습니까? 외국인에게는 이쪽이 더 의미가 있을 것 같군요.

 음. 설득력 있는 말이군. 신입에게 한수 배운 느낌인데? 하산해도 좋을 것 같군. 자, 그럼 이것으로 연수는 종료다.

행동디자인으로 미래를 발명하다

우리 회사 하쿠호도는 '미래를 발명하는 회사로'라는 비전 슬로건을 내세우고 있습니다. 미래는 수동적으로 기다리는 것이 아니라 자주적으로 만들어내는 것이라는 의미입니다. 기대되지 않습니까?

'발명'이라는 말은 넓은 의미에서는 '디자인'이라는 말과 비슷하다고 생각합니다. 지금 마케터에게 요구되는 것은 보다 좋은 미래를 디자인하려는 의지가 아닐까요?

행동디자인의 내구성은 사회의 미래에 행동디자인이 얼마만큼 공헌할 수 있는지에 달려 있습니다. 예를 들면 건강. 이는 앞으로의 마케팅에서 매우 중요한 과제입니다.

의료비 상승이라는 정부과제도 심각하지만, 그 이상으로 고령화되는 미래사회에서는 고령자가 건강하지 않으면 소비시장이 크게 위축되므로 고령자의 건강은 중요합니다.

이 문제에 행동디자인은 해결책을 제시할 수 있을까요?

어느 소비재 제조업체에서 이런 이야기를 했습니다. "고령자가 집안에만 있으면 세제가 팔리지 않습니다. 땀을 흘리지 않기 때문입니다. 샴푸나 헤어 관련 제품도 마찬가지입니다. 외출은 사람과 만나는 행위입니다. 사람과 만나지 않는다면 패션도 화장도 신경 쓰지 않습니다." 즉, 미래의 소비 시장은 고령자가 건강하게 바깥을 걸어 다닐 수 있느냐 없느냐에 달려 있다는 것입니다.

여기가 바로 행동디자인이 필요한 곳입니다. 나이가 들수록 몸을 움직이는 것이 힘들고 귀찮아집니다. 그런 사람에게 어떻게 외출할 동기를 제공하고, 외출하고 싶어지는 장치, 즉 외출행동유발장치를 고민해야 합니다. 그리고 그들의 외출행동 스위치, 외출행동 기회를 발견하는 것도 중요합니다. 행동디자인의 발상과 지견을 최대한 활용해야 하는 상황인 것입니다.

요즘에는 서점이나 쇼핑몰에 편안한 의자를 놔둔 곳이 많습니다.

여기저기에 딱 알맞은 휴식공간을 준비하는 것도 고령자의 외출량을 확보하는 아이디어입니다.

고령자의 질병 중 사코페니아Sarcopenia 증후군이 있습니다. 이는 주로 근육이나 근육량의 대폭 감소가 원인입니다. 근육이 떨어지면 동시에 뼈도 약해지고 저항력도 떨어지며 신체균형도 파괴됩니다. 고령자가 된 후에 근육량을 증가시키는 것은 힘든 일입니다.

그래서 우리는 '뼈 저금'이라는 발상을 해봅니다. 뼈의 양이 최대가 되는

소비자의 행동을 디자인하는 마케팅

10~20대, 적어도 30대까지 운동으로 뼈의 양을 증가시켜 놓아야 한다고 생각합니다. 운동에 적극적이지 않은 바쁜 20~30대 직장인, 특히 여성이 뼈 저금을 해놓도록 하는 것이 건강한 미래를 위한 행동디자인입니다.

우리는 이러한 건강행동디자인의 사업성에 큰 가능성을 가지고 있습니다.

미래는 그때가 되어서야 생각하는 것이 아닙니다. 이미 미래는 시작되고 있습니다. 지금을 미래지향으로 디자인하는 것이 미래의 디자인입니다.

요즘 'IOT^{Internet of Things}(사물인터넷)'라는 키워드가 생활의 도처에 출현하고 있습니다. 인터넷에 상시 접속 가능하다는 것이 스마트폰의 콘셉트라면 전화기뿐만 아니라 시계나 의류, 가전, 조리기구까지도 통신기능을 가지고 인터넷에 상시 접속할 수 있다는 것이 IOT의 콘셉트입니다.

고령자의 외출행동을 도와주는 도구에 이러한 하이테크 기능을 장착하는 것도 유효하다고 생각합니다. 센서가 있어서 넘어짐을 방지하는 지팡이가 있다면 걷는 것이 즐거워질 것입니다.

물론 하이테크뿐만 아니라 패션성 높은 디자인으로 만드는 것도 앞으로의 시니어에게는 꼭 필요한 요소입니다. 자동차의 자동운전도 시니어의 행동반경을 확장하는 필수 기술이 될 것입니다.

주의해야 할 것은 IOT를 생각할 때 제품 발상이 되지 않도록 해야 한다는 것입니다. 고령자의 건강과제는 제품만으로는 해결될 수 없습니다. 와상, 또는 히키코모리 고령자 주변에 IOT기기가 넘쳐난다고 상상하면 그 미래는 오히려 더 끔찍하지 않나요?

IOT는 행동유발장치로서 고령자의 외출행동을 자극하기 위해 활용하는 것입니다.

IOT의 장점 중 하나는 행동데이터를 획득할 수 있다는 점입니다. 현관문이 IOT화되면 외출상황을 파악할 수 있습니다.

고령자의 건강과제에 국한하지 않고 소비자의 행동이 실시간 데이터로 파악 가능해지면 행동디자인은 더욱 정교하게 설계될 것입니다. 현재는 행동디자인으로 실제 사람들이 어느 정도 움직였는지에 대한 효과측정이 구비되지 않은 상태입니다.

그러나 IOT뿐 아니라 카드와 구매데이터, 인터넷 검색행동을 조합하면 개인의 소비행동을 꽤 상세히 파악할 수 있습니다. 거기에 스마트폰 등 휴대기기를 조합하면 GPS 데이터나 와이파이 접속 이력이 있기 때문에 그 사람이 매일 어떤 생활행동을 하는지 더욱 명확히 알 수 있습니다.

물론 아무리 이러한 환경이 정비되어도 '사람은 생각만큼 움직여주지 않는다'는 본질이 바뀌는 것은 아닙니다. GPS 데이터를 매일 관찰하다 보면 오히려 그 사람이 얼마나 움직이지 않는지를 확실히 알게 될지도 모르겠습니다.

하지만 그 데이터에서 작은 이탈행동이 보이면 거기에서 행동스위치나 행동기회를 발견할 수 있을 것입니다.

우리가 소비자 빅데이터에 기대하고 있는 것은 가설의 정확성이 보다 보강되는 것입니다. 그렇게 되면 더욱 정교하게 행동디자인을 설계할 수 있게 될 것입니다.

발상의 전환으로 위축된 시장을 돌파하는 혁신적 마케팅 아이디어가 지속적으로 생성되는 것. 그것이 우리가 희망하는 미래의 모습입니다. 그것은 단순히 제품을 어떻게 판매할 것인지의 아이디어가 아닙니다. 제품 판매에 그치지 않고 그 제품으로 어떻게 풍요로운 미래사회를 실현할 것인가에까지 확장됩니다.

이렇게 기업의 비전을 사회로 확장하면 할수록 소비자 한 사람 한 사람의 행동변화를 만들어내는 행동디자인이 필요해집니다.

앞으로 의료발전 등으로 인해 우리나라 사람의 평균수명이 100세에 이르게 될 가능성이 높다고 합니다. 2025년에 우리나라 사람의 평균연령은 거의 50세가 됩니다. 평균수명이 100세라고 하면 남은 50년을 어떻게 잘 살아갈 것인가가 인생의 큰 주제가 될 것입니다.

무거운 주제이기는 하나 결코 어두운 미래는 아닙니다. 여러 새로운 비즈니스의 가능성이 있고 기회가 많은 사회라고 생각합니다.

이 책을 계기로 해서 많은 사람이 '미래의 새로운 행동을 창출하는 마케팅'에 도전한다면 저자로서 그보다 보람된 일은 없을 것입니다.

2016년 7월

참고문헌

- 『イノベーション普及学』, E·M·ロジャーズ 青池愼一, 宇野善康 [監訳] 産能大学 出版部, 1990.

- 『影響力の武器 [第二版] なぜ, 人は動かされるのか』, ロバート·B·チャル ディーニ, 社会行動研究会 訳, 誠信書房, 2007.

- 『感情心理学·入門』, 大平英樹 編, 有斐閣, 2010.

- 『心と行動の進化を探る 人間行動進化学入門』, 五百部裕, 小田亮 編, 朝倉書店, 2013.

- 『心を動かすデザインの秘密 認知心理学から見る新しいデザイン学』, 荷方邦 夫 実務教育出版, 2013.

- 『しらずしらず あなたの9割を支配する「無意識」を科学する』, レナード·ム ロディナウ 茂木健一郎 [解説], 水谷淳 [訳], ダイヤモンド社, 2013.

- 『進化と感情から解き明かす 社会心理学』, 北村英哉, 大坪庸介 有斐閣, 2012.

- 『進化と人間行動』, 長谷川寿一, 長谷川眞理子, 東京大学出版会, 2000.

- 『新版 アフォーダンス』, 佐々木正人 岩波書店, 2015.

- 『たまたま 日常に潜む「偶然」を科学する』, レナード・ムロディナウ 田中三彦 [訳], ダイヤモンド社, 2009.

- 『手書きの戦略論「人を動かす」7つのコミュニケーション戦略』, 磯部光毅 宣伝会議, 2016.

- 『脳に刻まれたモラルの起源 人はなぜ善を求めるのか』, 金井良太 岩波書店, 2013.

- 『脳には妙なクセがある』, 池谷裕二 扶7桑社, 2012.

- 『マレーケティングの嘘 団塊シニアと子育てママ,の真実』, 辻中俊樹, 櫻井光行 新潮社, 2015.

- 『問題解決に効く 「行為のデザイン」思考法』, 村田智明, ＣＣＣメディアハウス, 2015.

- 『わが社のお茶が1本30万円でも売れる理由 ロイヤルブルーティー成功の秘密』, 吉本桂子 祥伝社, 2015.

- 『Hooked ハマるしかけ 使われつづけるサービスを生み出す [心理学] × [デザイン] の新ルール』, ニール・イヤール, ライアン・フーバー Hooked 翻訳チーム (金山裕樹, 高橋雄介, 山田案稜, TNB編集部) [訳], 翔泳社, 2014.

- 『9割の人間は行動経済学のカモである 非合理な心をつかみ, 合理的に顧客を動かす』, 橋本之克 経済界, 2014.

지은이_

하쿠호도 행동디자인연구소博報堂行動デザイン研究所
(주)하쿠호도가 '사람을 움직이는 마케팅'을 연구·실천하는 조직으로 2013년에 새롭게 설립했다. 국내외의 방대한 사례에서 추출한 '사람을 움직이게 하는' 지식을 활용하여 소비자의 실제 행동을 촉진하는 '행동디자인 발상' 계획을 지원하고 있다. '사업 수익을 창출하는 고객 행동'을 연구 목표로 명확히 함으로써 고객의 비즈니스 성과에 직결된 계획을 제공하고자 한다.

구니타 게이사쿠國田圭作
하쿠호도 행동디자인연구소가 2013년 설립되고부터 소장으로 일하고 있다. 1959년에 태어나 1982년 도쿄대학 문학부 졸업 후 (주)하쿠호도에 입사했고 이후 일관되게 해당 실무와 연구를 추진해 왔다. 대형 맥주회사, 대기업 자동차 메이커를 비롯해 식품, 음료, 화장품, 가전 등의 브랜드 마케팅, 상품 개발, 유통 개발 등의 프로젝트를 다루고 있다. 2006년에 열린 제5회 칸 국제광고제 부문상에서 심사위원을 맡았다. 저서로는 『행복의 새로운 기준幸せの新しいものさし』(공저, PHP연구소)이 있다.

옮긴이_

(주)애드리치 마케팅전략연구소
시장과 소비자에 대한 철저한 분석과 다양한 사례 연구를 통해 기업이 당면한 과제에 대한 마케팅 솔루션을 제공하고 있다. 특히 미국, 일본 시장의 전문가를 중심으로 실전 경험이 풍부한 우수한 플래너들이 국내뿐만 아니라 글로벌 마케팅 전략과 방법론을 제시한다. 급변하는 시장 환경에 맞춰 유연성을 가진 마케팅 실행 시스템을 개발하고 있으며, 소비자와 사회 트렌드를 지속적으로 주시하면서 성향 분석과 잠재 니즈 개발에 힘쓰고 있다.

소비자의 행동을 디자인하는 마케팅

이 렇 게 하 면 소 비 자 가 움 직 인 다

지은이 **하쿠호도 행동디자인연구소 · 구니타 게이사쿠** ㅣ 옮긴이 **(주)애드리치 마케팅전략연구소** ㅣ
펴낸이 **김종수** ㅣ 펴낸곳 **한울엠플러스(주)** ㅣ 편집책임 **박준혁**

초판 1쇄 인쇄 **2019년 10월 21일** ㅣ 초판 1쇄 발행 **2019년 10월 30일**

주소 **10881 경기도 파주시 광인사길 153 한울시소빌딩 3층**

전화 **031-955-0655** ㅣ 팩스 **031-955-0656**

홈페이지 **www.hanulmplus.kr** ㅣ 등록번호 **제406-2015-000143호**

Printed in Korea.
ISBN 978-89-460-6823-0 03320 (양장)
      978-89-460-6824-7 03320 (무선)
* 책값은 겉표지에 표시되어 있습니다.

중장년 싱글세대의 소비 트렌드

1인 가구의 증가, 그 현상의 이면을 들여다보라
인구구조 변화에 따른 세대별 특징과 소비 주체의 흐름을 읽어내다

한국보다 일찍 인구구조 변화를 겪은 일본에서는 인구가 적고
경기 호황을 경험해 보지 못해 소극적 소비에만 치중한 젊은 세
대에서, 인구가 많고 거품경제 시대를 거치면서 풍요로운 소비
생활을 경험한 중년 이상의 세대로 소비 주체가 이동하고 있다.
특히 늘어나는 싱글 중장년층을 타깃으로 마케팅 관점을 바꾸는
기업들이 많아지고 있다.

이는 한국사회의 가까운 미래상이기도 하다. 향후 중장년 싱글
시대를 맞게 될 한국의 기업들은 지금까지와는 다른 마케팅 구
도를 그려나가야 한다. 그러기 위해서는 지금까지 해왔던 시니
어 마케팅 같은 지엽적 마케팅이 아니라 거시적 관점에서 중장
년 싱글세대를 트렌드를 주도하는 소비시장의 주역으로 보고,
그 세대의 특징과 소비 패턴을 잘 파악하고 있어야 할 것이다.

그런 의미에서 이 책은 좋은 참고서가 될 것이다. 비록 일본 싱
글세대의 소비 특징이기는 하나 한국과 일본은 비슷한 문화권이
기에 이 책이 조망하고 있는 내용이 독자들에게 이질적이지는
않을 것이다. 이 책을 통해 향후 소비 트렌드와 시장을 전망하고
흐름을 읽어 변화하는 시대에 대비할 수 있기를 바란다.

지은이
미우라 아츠시

옮긴이
(주)애드리치 마케팅전략연구소

2018년 10월 30일 발행
국판
176면

광고의 변화

오래된 상식은 광고를 속박한다
새로운 상식은 광고를 자유롭게 한다

이 책의 저자는 최근 10여 년에 걸쳐 실무자이자 연구자의 입장
에서 광고커뮤니케이션의 변화를 몸소 체험해온 인물로, 업계
2, 3위의 광고회사에서 카피라이터와 크리에이티브 디렉터로
오랫동안 일해왔고 현장을 매우 잘 알고 있다. 국제광고상 심사
위원을 여러 번 맡은 덕분에 세계 최첨단 광고 사례를 많이 접했
고, 이에 대해 독자적 분석을 가미하여 일본광고학회를 중심으
로 논문 발표를 해왔다.

이처럼 광고업계에서 잔뼈가 굵은 저자는 독자들이 알기 쉽도록
광고계의 변화를 전달하는 책을 썼다. 최근 10년간 광고계에서
일어난 주요 변화를 망라했으며, 새로운 상식으로 국제광고제에
서 크게 주목받은 사례도 여럿 소개했다. 또한 가공의 광고 회의
모습을 묘사하고, 회의 때 맞닥뜨릴 수 있는 문제를 구체적으로
해결해나가는 과정을 제시했다.

저자는 이 책이 '앞으로의 광고'에 대한 대처법이 되기를 바란다
고 했다. 다양한 업종의 광고주, 광고업계 종사자, 광고에 흥미
를 가지고 있는 학생, 커뮤니케이션 분야에 관심이 있는 일반 독
자는 이 책을 통해 앞으로의 광고에 대한 힌트를 얻을 수 있을
것이다.

지은이
사토 다쓰로

옮긴이
(주)애드리치 마케팅전략연구소

2017년 10월 30일 발행
신국판
192면

마케팅은 진화한다

급변하는 시장 상황에서 살아남기 위한
마케팅 전략을 선택하라!

이 책은 기본으로 통용되는 마케팅 기법을 소개하고 그 기법의
장단점을 제시한다. 130개가량의 도표를 수록하면서 전문 경영
서적에서나 볼 수 있는 이론을 알기 쉽게 설명한다. 수요곡선과
매출곡선 도표, 입소문 전달과정을 구하는 공식 등은 실무자들이
실제 상황에서 응용할 수 있을 정도로 알기 쉽게 정리되어 있다.

시장점유율에서 뒤처지는 후발 주자라면 어떻게 마케팅을 해야
매출을 끌어올릴 수 있을까? 가격은 어느 수준에서 설정해야 경
쟁에서 유리할까? 이 책은 이러한 질문에 해답을 줄 수 있을 것
이다.

그뿐 아니라 고객의 니즈를 파악해 최적의 제품을 구매하는 여
러 기법도 소개한다. 멘탈시뮬레이션이나 브레인스토밍, 페르소
나법, KJ법 등은 실제로 효율적으로 마케팅을 하기 위해 마케팅
현장에서 사용되는 기법이다. 소니의 이부카 마사루 명예회장은
개인적으로 비행기 안에서도 깨끗한 소리로 음악을 들을 수 있
기를 원했고, 이는 공전의 히트 상품인 워크맨의 발명으로 이어
졌다. 소비자들이 인식하지 못한 소비자 니즈를 파악하는 데 위
에서 제시한 기법들이 도움이 될 것이다.

지은이
미즈노 마코토

옮긴이
(주)애드리치 마케팅전략연구소

2016년 10월 31일 발행
신국판
272면

검색광고의 이해

**광고산업의 혁신을 일으킨 게임 체인저이자
온라인광고 시장 성장의 주역, 검색광고!**

세계 최대의 검색엔진 구글의 경우 매 초당 평균 4만 건 이상의 검색이 발생하며, 하루에 약 35억 건가량의 검색을 처리하는 것으로 집계된다. 네이버·구글과 같은 검색엔진에서, 쿠팡·아마존과 같은 이커머스 웹사이트에서, 인스타그램·유튜브와 같은 소셜 미디어에서 소비자들의 검색 활동은 지금도 끊임없이 이루어지고 있다.

소비자들이 검색 활동을 할 때마다 검색 결과 페이지에 노출되는 검색광고는 현대의 디지털 소비자들에게 매우 익숙한 형식의 광고로 자리 잡았다. 사용자들이 생활 속에서 많은 디지털 서비스를 무료로 즐길 수 있는 것도 검색광고가 있기 때문이다. 최근 검색시장의 변화와 함께 검색엔진 혹은 플랫폼을 기반으로 하는 검색광고 시장도 급변하고 있으며, 검색광고 시장의 성장 및 광고 기술의 발달과 함께 다양한 사업자들이 검색광고 생태계에서 검색광고의 정교화와 고도화를 위해 노력하고 있다.

이렇듯 온라인광고 시장과 산업은 하루가 다르게 커지고 발전하는 데 반해, 대학에서의 온라인광고 교육은 그 흐름을 제때 따라가지 못하는 형편이다. 검색광고의 면면을 다룬 이 책을 통해 온라인광고 교육이 심도 깊게 이루어지고, 양질의 온라인광고 전문 인력이 배출되기를 희망한다.

지은이
**권오윤·김지영·문장호·부수현·
이병규·최세정**

2019년 9월 10일 발행
신국판
312면

브랜드 연상

소비자의 호감도를 높일 브랜드 전략은 무엇인가?
연상 이론과 사례로 배우는 효과적인 브랜드 연상 관리

흔히 브랜드 전략은 번뜩이는 아이디어로 승부가 결정된다고 생각한다. 물론 브랜드 전략에 창의적인 아이디어도 필요하다. 하지만 체계적 분석과 논리적 결정에 따라 탄생한 아이디어가 아니라면 브랜드 전략은 일관성을 잃기 쉬우며, 확고한 브랜드 정체성을 형성하는 데 악영향을 미칠 수 있다.

이 책은 유레카에 의존하지 않고 체계적인 분석을 통해 소비자의 호감을 이끄는 브랜드 전략을 소개한다. 저자는 10년이 넘게 브랜드 연상을 연구한 전문가로, 소비자가 특정 브랜드를 보며 떠올리는 연상을 분석함으로써 특정 브랜드의 이미지를 파악하고, 이를 통해 기업이 원하는 브랜드 아이덴티티를 구축할 수 있는 방법을 이 책에 담았다.

자칫 어렵게 느껴질 수 있는 다양한 브랜드 연상 이론을 많은 시각자료를 통해 설명하기 때문에 마케팅, 브랜드 전략 관련 연구자와 현업에 종사하는 실무자의 실력을 향상시킬 뿐 아니라, 이 분야에 관심 많은 고학년 대학생이나 대학원생에게 더없이 훌륭한 지침서가 될 것이다.

지은이
지준형

2019년 8월 29일 발행
신국판
256면

데이터 기반 PR기획

실질적이고 구체적인 테크닉, 유용하고 유익한 사례,
최신 PR 트렌드를 총망라한 PR기획의 결정판!

소셜미디어와 모바일 기술의 확대로 미디어 환경이 급속히 재편되고 있다. 신문, 방송 등 전통적인 미디어의 영향력이 약화되고, 소셜미디어 등 다양한 채널이 새롭게 부상했다. PR산업도 전방위적으로 비즈니스 솔루션을 제공하며 변화에 반응하고 있다.

인하우스와 PR기업을 막론하고 PR인에게 기획업무는 첫 단추를 제대로 끼우는 것처럼 너무나도 중요하며, 탄탄한 기획력은 내·외부의 타겟공중을 설득하는 기획서 작성에서 든든한 지렛대 역할을 해준다. 이 책의 저자는 이와 같은 탄탄한 기획력이 데이터를 기반으로 할 때 생길 수 있다고 강조한다. 최신 PR 트렌드를 반영한 이 책은 데이터를 활용한 과학적이고 체계적인 PR기획을 3부로 나누어 기술한다.

이 책은 PR에 관한 배경지식, 데이터의 유형과 양질의 데이터를 확보할 수 있는 테크닉, 확보한 데이터를 바탕으로 특정 타겟에게 효과적으로 어필할 메시지 구성 방법, 메시지를 효율적으로 전달할 수 있는 프로그램의 구성 방법 등을 다양한 사진과 도표, 실제 사례를 들어 좀 더 쉽게 설명하여 실무자의 실력을 향상시킬 뿐 아니라 이 분야에 관심을 가진 예비자들이 탄탄한 기초를 쌓게 하는 데 기여할 것이다.

지은이
최준혁

2019년 5월 13일 발행
변형크라운판
224면